KB246070

세계화와 노동계급

오늘날의 마르크스주의 08

세계화와 노동계급

빌 던 · 크리스 하먼 지음 | 최용찬 · 차승일 · 김영재 옮김

책갈피

오늘날의 마르크스주의 08

세계화와 노동계급

지은이 빌 던 · 크리스 하먼
옮긴이 최용찬 · 차승일 · 김영재
펴낸곳 도서출판 책갈피

등록 1992년 2월 14일(제18-29호)
주소 서울시 중구 필동2가 106-6 2층
전화 02)2265-6354
팩스 02)2265-6395
이메일 bookmarx@naver.com

초판 발행일 2010년 9월 17일

ISBN 978-89-7966-077-7 03300
ISBN 978-89-7966-062-6(세트)
값 4,900원

잘못된 책은 바꿔 드립니다.

차례

일러두기

1. "세계화와 신경제라는 신화"는 Bill Dunn, "Myths of globalisation and the new economy", *International Socialism* 121(Winter, 2009)을 최용찬이 번역하고 이수현·최일붕이 감수해서 ≪마르크스 21≫ 2호(2009년 여름)에, "세계의 노동계급"은 Chris Harman, "The workers of the world", *International Socialism* 96(Autumn, 2002)을 김영재·차승일이 번역하고 이수현·최일붕이 감수해서 ≪마르크스 21≫ 1호(2009년 봄)에 실린 것을 묶어 출간한 것이다.
2. 인명과 지명 등의 외래어는 최대한 외래어 표기법에 맞춰 표기했다.
3. [ ]는 독자의 이해를 돕기 위해 옮긴이가 덧붙인 것이고, 저자가 첨가한 것은 [― 하면] 식으로 표기했다. 각주는 독자의 이해를 돕기 위해 옮긴이가 덧붙인 설명이고, 저자의 것은 모두 후주로 처리했다.
4. 원문에서 이탤릭체로 표시된 부분은 고딕체로 표시했다.
5. 책과 잡지는 ≪ ≫로, 신문과 주간지는 〈 〉로, 논문과 신문 기사 제목은 " "로 표시했다.

세계화와 신경제라는 신화

빌 던

사회과학자들과 언론인들은 '세계화'나 '신경제' 같은 개념들을 꽤 오랫동안 유포해 왔다. 많은 경우 이런 주장에는 노동계급은 사라졌고 노동계급의 자기 해방이라는 마르크스주의의 염원도 끝났다는 주장이 담겨 있다. 이를 단순히 마르크스주의를 반대하는 최신 주장쯤으로 치부할 수도 있다. 실제로 노동계급의 종말을 선언하는 많은 사람들에게는 노동계급에 대한 공감이 거의 없다.

그러나 많은 반자본주의 활동가들도 비슷한 견해를 표명하면서, 새로운 저항 형태와 초점으로 이동해야 한다고 주장한다. 때때로 이런 주장들은 오래된 아나키즘 전통을 떠오르게 하지만,[1] 마르크스주의자 저술가들 중에도 이런 주장을 일부 받아들이는 사람들이 있다. 예를 들면 데이비드 하비는 경제 변화로 말미암아 좌파의 기존 조직 형태가 더는 "적절하지 않다"고 생각한다.[2] 따라서 노골적으로 자본주의를 옹호하는 주장들은 분쇄해야 하지만, [자본주의 경제의] 구조 변화에 대한 주장들은 진지하게 다뤄야 한다. 경제구조가 우리의 생각과 행동을 직접 결정하는 것은 아니다. 그러나 마르크스주의의 핵심 주장은 자본주의가 집단으로 착취당하는 노동계급을 창조했고 노동계급은 자신과 세계를 변혁할 수 있는 특별한 지위를 가진다는 것이다. 근본적 구조 변화는 이러한 집단적 변혁의 전망과 행위의 기반을 약화시킬 수 있다.

자본주의의 변화와 노동계급의 약화에 대해서는 두 가지 서로 다른 주장이 있다. 첫째는, 자본의 지리적 이동이 저항운동의 지역적·국가적 전략을 약화시켰다는 것이다. 자본은 더 값싼 노동을 찾아 이동할 수 있는 덕분에 한 지역의 노동자들과 다른 지역의 노동자들을 서로 경쟁시켜 저항운동을 직접 약화시키기도 하고, 친노동 정책과 복지 개혁을 추진하는 국가의 능력을 약화시켜 간접적으로 약화시키기도 한다는 것이다.[3] 특히 금융자본은 더 나은 환경을 제공하는 나라들로 훌쩍 떠나버릴 수 있다고 한다. 따라서 자본의 이동성은 "기업하기 좋은 환경"을 더욱 강화하는 반면, 그 대가는 쉽게 이동하지 못하는 가난한 사람들, 특히 노동자들에게 전가된다는 것이다.[4] 결국 세계화가 서로 다른 지역과 나라에 사는 노동자들을 훨씬 더 격렬한 경쟁 속으로 몰아넣는다는 것이다.

둘째, "탈조직화한 자본주의"가 사회적 차별을 확대시킨다는 것이다.[5] 특히 정보 통신 분야의 신기술이 기업 구조와 노동의 성격을 변화시킨다는 주장이다. 산업 자본주의의 대규모 공장들이 소규모 기업들의 복잡한 네트워크로 대체되고 지식과 "기호 처리symbolic manipulation"*가 점점 중요해지면서 육체 노동이 덜 중요해진다는 것이다.[6] 이러한 '신경제'는 일부 숙련 노동자들에게는 집단이 아닌 개인의 조건을 향상시켜 줄 수도 있지만, 그 밖의 일자리는 가치가 떨어지고, 노동자들 사이에서는 줄어든 비숙련 일자리를 위한 경쟁이 격화되고, 밑바닥에 있는 노동자들은 고통받는다는 것이다. 따라서 비교적 덜 과장된 주장들조차도 노동계급 내의 양극화가 확대됐고 역사적으로 가장 조직하기 어려운 양극단의 노동자들이 많아지고 있다고 한다.[7]

많은 학자들이 이런 변화에 대한 글을 쓰며 강단에서 경력을 쌓는 반면, 소수의 비판자들은 변화가 과장됐다고 주장한다. 변화를 말하기에는 여전히 수많은 역사적 연속성과 한계들이 있다. 사실, 변화를 측정할 완벽한 기준이 없으므로 학자들 사이의 논쟁은 계속될 것이다. 그러나 마르크스주의자들에게는 사회주의적 전략이라는 핵심 판단 기준이 있다. 세계화와 신경제에 대한 주장이 투쟁의 새로운 가능성이나 한계를 발견하는 데 유용하다면 그것은 의미 있는 개념일 것이다. 많은 좌파들이 세계화 때문에 국제주의가 훨씬 더 절실해졌고, "초국적 집단행동"만이 유일하게 의미 있는 선택이 됐다고 생각한다.[8] 한편, 더 분산된 자본

---

* 대체로 컴퓨터를 이용한 업무를 말한다.

주의가 요구하는 "새로운 전략적 상상력"은[9] 작업장을 뛰어넘어 지역사회와 정체성에 바탕을 둔 정치 또는 적어도 사회운동적 노동조합주의나 지역사회 노동조합주의를 발전시키기 위해 지역과 정체성 문제를 결합시켜야 한다고 주장한다.[10]

이 글은 이런 급격한 전략적 변화가 필요하다는 주장을 반박할 것이다. 자본의 이동성과 지역 재배치, 그것이 국가의 능력, 기업 구조조정, 노동의 성격 변화에 미친 영향을 평가해서 반박할 것이다.

자본의 지역 재배치의 한계

많은 사람들이 세계화에는 기업들이 값싼 노동을 찾아 '바닥을 향해 질주'하는 '광란의 논리'가 있다고 생각한다.[11] 기업들은 경쟁력 있는 노동시장을 찾아 어디든지 '미친 듯이 달려가고', 그래서 선진국의 일자리를 파괴한다는 것이다.[12] 존 홀러웨이도 "자본은 이동한다"라는 중요한 논문(1995년)에서 그렇게 주장했다.[13] 사실, 국경 내에서 또 국경을 넘어서 자본이 이동하는 것은 자본의 본성이다. 봉건제 같은 과거 체제와 달리 자본주의 경제체제는 영토에 종속돼 있지 않다. 그런데 최근의 변화는 종종 이 측면에서, 또 노동자들에게 미치는 영향에서 과거와 차원이 다르다고 한다.[14] 극단적으로는, '무중력' 경제라고 평가되기도 한다. 운송 기술의 발전으로 상품 이동이 더 쉬워졌고 더 중요하게는 경제가 덜 물질화했다고 한다. 물질이 아닌 상품들과 금융이 쉽게 세계를 넘나들고 있다는 것이다. 그러나 이런 주장은 물질 상품의 이동성과 실물경제의 쇠퇴를 지나치게 과장한다.[15] 더 근본적으로는 자본주의는 물질이 아니라 사회적 관계가 핵심이다. 따라서 상품의 물질적 형태 변화가 곧 자본 이동성의 변화는 아니다.[16] 물론 변화가 없다는 것은 아니다. 그러나 이런 주장을 하는 사람들은 더 주의 깊게 상황을 분석하고 평가해야 한다.

역사적으로 자본의 지역 재배치 정도는 매우 다양했다. 19세기와 20세기 초에도 세계화 국면이 있었다. 1914년 영국의 해외직접투자FDI는 국내총생산GDP의 53퍼센트에 달해 현재와 맞먹는 수준이었다.[17] 다른 선진국들의 해외직접투자는 이보다는 낮은 수준이었지만, 1980년대나 1990년대가 돼서야 비로소 더 높아졌다. 이미 이때부터 많은 유명한 다국적기업들이 존재했다. 반면 양차 세계대전 사이에는 해외직접투자 수준이 훨씬 낮았다. 전후 장기 호황기에는 투자가 선진국 국내 경제에 훨씬 집중됐다. 해외직접투자도 기본적으로 선진국들 사이에서 이뤄졌다. 1914년에는 해외직접투자의 절반이, 1938년에는 3분의 2가 후진국으로 향했지만, 1960년에는 20퍼센트로 떨어졌다.[18] 자본은 값싼 노동을 찾는다. 그러나 투자가 집중돼야 이윤이 높을 수 있고 자본의 지역 재배치가 겉보기보다 어려운 정치적·경제적 이유들이 여럿 있다.

물론 자본의 이동 가능성 자체가 자본에게 권력을 부여한다.[19]

심지어 세계화가 아직 유행하기도 전인 1980년대에도 미국의 자동차 기업들은 임금과 노동조건의 양보를 요구하며 다른 지역으로 공장을 이전했다. 그러나 1970년에서 2001년 사이에 선진국 자동차 산업에서 고용은 증가했다.[20] 기업들과 친자본 정치인들은 노동자들을 위협하고 정부의 지원을 얻으려고 '이전'을 들먹인다. 예를 들어 2005년에 UN이 발표한 조사 결과를 보면, 기업들이 가장 선호하는 해외 사업 진출 나라는 중국이 압도적으로 1위였고, 2위가 인도였고, 상대적으로 가난한 4개국(4위 러시아, 5위 브라질, 6위 멕시코, 9위 태국)이 상위 10개국에 포함돼 있었다.[21] 그러나 현실을 보면, 이듬해인 2006년에 해외 투자의 66퍼센트가 기존 선진국들로 향했고, 단지 중국(5위)과 홍콩(7위)만이 상위 10개국에 포함됐다. 러시아가 11위, 멕시코 18위, 브라질 19위, 인도 21위 그리고 태국은 27위였다.[22] 실제로 자본이 어디로 이동했는지 살펴보는 것이 자본 이동에 대한 주장을 살펴보는 첫걸음일 것이다.

최근의 세계화론을 뒷받침하는 진정한 구조 변화들이 있다. 세계무역이 1973년 5190억 달러에서 2007년 12조 달러로 증가했고, 이 기간에 후진국이 세계무역에서 차지하는 비중도 24퍼센트에서 39퍼센트로 증가했다.[23] 해외직접투자도 1980년 5600억 달러에서 2006년 12조 달러로, 또 세계 GDP에서 차지하는 비중도 같은 기간에 5.3퍼센트에서 거의 25퍼센트로 늘어났다. 후진국에 대한 해외직접투자 비중도 30퍼센트 이상 수준으로 회복됐다.[24] 개발도상국들에서도 해외투자와 함께, 그러나 해외투자로 환원될 수 없는 제조업 수준이 급격하게 높아졌다. 개발도상국의 제조업은 75퍼센트 이상 성장해 세계 전체에서 차지하는 비중은 1990년과 2005년 사이에 19퍼센트에서 30퍼센트로 늘어났다.[25] 그러나 이런 지표들은 주의 깊게 해석해야 한다.

첫째, 2004년 현재 세계 인구의 14퍼센트에 해당하는 국민소득 2만 달러 이상의 21개 선진국이 세계 산업 생산의 71퍼센트를 차지했다.[26]

둘째, 생산의 변화 양상은 매우 불균등했다. 중국과 그 밖의 '아시아 호랑이' 다섯 나라가 1980년에서 2005년 사이 후진국 성장의 62퍼센트를 차지했다.[27] 해외직접투자도 주로 아시아의 인기 지역으로 국한됐다. 이 지역은 세계에서 임금이 가장 낮은 곳이 아니다. 2006년까지 홍콩 · 중국 · 멕시코 · 브라질 · 싱가포르 다섯 나라에 세계 전체 해외투자액의 절반 이상이 집중됐다. 아프리카에 투자된 금액은 1퍼센트 미만이었다.[28] '바닥을 향한 질주' 따위는 없었다. 후진국의 산업 성장과 선진국의 상대적 쇠퇴는 단지 몇몇 나라가 성장한 것을 반영할 뿐, 반드시 선진국에서 후진국으로 생산이 이동했다는 것을 의미하지는 않는다. 일반적으로 생산성이 서비스 분야가 아니라 제조업 분야에서 더 빨리 향상될 경우 소비성향이 변동하지 않는 한 제조업이 고용에서 차지하는 몫은 줄어든다. 사실, 중국에서도 심지어 2008년 경제 위

기 발생 전부터 산업 부문의 고용은 하락하고 있었다.[29]

투자 출처를 보면 소수 선진국 기업들에 집중돼 있다. 이는 탈산업화(탈공업화) 주장과 관련해 중요한 의미가 있다. 상당히 부풀려진 UN 통계에 따르면, 1990년대 선진국에서 빠져나간 자본은 2조 달러에 달한다. 특히 영국·프랑스·독일의 경우 각각 GDP의 3.9퍼센트, 2.4퍼센트, 1.9퍼센트에 달하는 자본이 해외로 유출됐다. 이런 상당 수준의 자본 해외유출은 성장 둔화와 탈산업화 경향에 기여했을 수 있다. 그러나 탈산업화 경향이 가장 급격했던 미국의 경우 1990년대에 자본 유출은 연평균 GDP의 0.3퍼센트뿐이었다. 21세기 초 몇 년 동안 선진국들에서는 자본 유출이 감소하고 순유입이 약간 늘었다.[30]

셋째, 해외직접투자 중 오직 30퍼센트만이 제조업에, 그리고 8퍼센트만이 후진국의 제조업에 투자됐다. 그중 극히 일부만이 온전한 신규 투자였다. 2006년 해외직접투자의 67퍼센트가 기존 자산을 구입하는 것이었고 30퍼센트는 이미 가동되고 있는 외국 공장에서 번 것을 재투자한 것이었다. 따라서 신규 투자나 '미개발' 분야에 대한 투자는 3퍼센트 미만이었다.[31] 크게 과장된 통계를 따르더라도 가장 많은 해외직접투자를 받은 중국의 경우 해외직접투자가 2006년 전체 고정자본 형성에서 자치하는 비중은 9.2퍼센트, GDP에서 차지하는 비중은 3.2퍼센트뿐이었다.[32]

넷째, 이 점은 후진국의 성장이 꼭 선진국의 투자에 달려 있지 않는다는 것을 분명히 보여 준다. 다국적기업들은 현지 공급업체들과 하청계약을 맺는다. 섬유 산업의 악명 높은 '혹사 공장'이 그런 사례다. 이 점은 선진국 내에서도 마찬가지다. 미국과 영국은 엄청난 무역적자를 기록했는데, 이런 무역적자가 일자리 감소의 원인이라는 주장이 많았다. 그러나 대부분의 분석을 보면 무역과 무역 적자가 실업에 미치는 영향은 매우 작다.[33] 2006년 미국의 실업자 수는 700만 명을 약간 넘었다. 이 수치는 무역과 무역 적자가 GDP에서 차지하는 비중이 훨씬 더 낮았던 1980년대와 1990년대보다 상대적·절대적으로 낮은 수치다.[34] 독일이나 일본은 대규모 무역 흑자를 유지했지만 독일과 일본의 노동자들은 세계의 다른 노동자들과 마찬가지로 많은 문제들에 직면했다.

다섯째이자 마지막으로, 산업 간 엄청난 불균등이 존재했다. 섬유, 의류, 신발, 장난감, 가전 부문에서는 후진국으로의 생산 이전이 일어났다. 이 분야에서는 세계화가 노동자들에게 문제를 일으킨다는 주장이 들어맞는 듯하다. 의류 산업은 새로운 국제 분업이라는 주장을 뒷받침하는 대표적 사례다.[35] 최근에도 지역 재배치와 선진국 의류 산업에서 대량해고 사례가 있었다. 예를 들면 2003년까지 최대 2만 8000명을 고용했던 리바이스트로스Levi Strauss*는 미국 내 공장을 모두 폐쇄했다.[36] 그러나 이것도 '세계

....

* 리바이스 청바지로 유명한 의류 대기업.

적' 현상은 아니었고, 세계 섬유 수출의 45퍼센트를 아시아의 7개국이 차지하고 있었다.[37] 의류 산업에서도 예외 사례가 꽤 있었다. 자국에 생산 시설을 집중하는 스페인 기업 사라Zara가 가장 잘 알려진 사례이고, 고가 상품 생산라인에 집중하는 이탈리아와 독일은 중국에 이어 2위와 3위의 섬유 수출국이다.[38] 가전 산업에도 비슷한 논리가 적용된다. 2006년까지 멕시코와 중국이 세계 TV 수출의 21퍼센트와 17퍼센트를 차지해 대략 4퍼센트 정도를 차지하는 터키, 일본, 폴란드, 네덜란드와 큰 격차를 보이고 있다.[39] 역시 이 분야에서도 '바닥을 향한 질주'가 아니라 생산의 재집중 원리가 작용했다. 일본 기업들은 중국 동부에 투자했는데, 이곳의 임금 수준이 오른 뒤에도 계속 머물렀다.[40] 따라서 섬유 산업에서조차 생산 이전에는 중요한 한계가 있다. 더욱이 섬유 산업은 중요하고 특히 두드러진 부문이지만 전형적인 사례는 아니다.[41]

다른 산업에서는 해외 이전 경향이 크게 나타나지 않는다. 세계 자동차 생산의 3분의 2가 단지 7개국(일본, 독일, 프랑스, 미국, 한국, 스페인, 중국)에서 이뤄진다.[42] 중국은 비록 주요 자동차 생산국이 됐지만 여전히 자동차 순수입국이다. 선진국들이 수출 시장을 독점하고 있다.[43] 자동차 산업은 공장 이전을 무기로 미국의 주州정부를 비롯한 각국 정부들한테서 돈을 뜯어낸 전형적인 사례다.[44] 그러나 가장 잘 알려진 '세계화' 기업들조차도 자산·판매·고용 면에서 세계적이라기보다는 국민적이다. 지엠GM은 자산과 종업원의 거의 3분의 2가 미국에 있고, 도요타도 종업원의 3분의 2와 자산의 절반이 일본에 있다.[45] 특히 미국과 유럽 기업들의 경우 해외 자산과 고용도 압도적으로 선진국 내에 있다. 후진국에 대한 일본 자동차 산업의 해외 투자는 미국과 유럽보다 훨씬 높아 49퍼센트가 다른 아시아 나라들에 투자됐다.[46] 그럼에도 일본은 여전히 자동차 순수출국이다. 대부분의 기업들에게 해외 생산은 해외 생산기지가 있는 나라의 시장이나 때로는 인근 지역 시장을 겨냥한 것이다. 향상된 운송 체계에도 불구하고 자동차 생산은 목표 시장 근처에서 이뤄진다. 부품의 경우 더 멀리 떨어진 곳에서도 생산될 수 있지만, 여기서도 '적시適時' 생산 체제 등으로 말미암아 부품 공급업체가 너무 멀리 떨어져서는 안 되고 적어도 일부 부품 생산은 조립 공장에 가깝게 집중돼야 했다.

가치에 비해서 매우 가벼운 다른 상품들은 쉽게 이동할 수 있다. 반도체가 대표적 사례다. 그래서 마이크로일렉트로닉스*는 세계화의 첨단 산업으로 여겨진다.[47] 이 산업에서는 자동차 산업과 달리 노동자 조직화 사례가 많지 않다. 그러나 산업구조 면에서 자동차 산업과 비슷한 점들이 있고 마찬가지로 생산이 집중되는 경향이 있다. 상품의 이동 가능성이 크지만 생산 기지는 여전

---

* 집적회로(IC)나 대규모집적회로(LSI) 등에 관련된 전자 기술과 그 응용 분야의 총칭.

히 몇몇 상대적 부국에 집중돼 있다. 비록 그중에는 비교적 신흥 공업국인 한국과 대만 같은 나라들도 있지만 말이다.[48]

흥미롭게도 심지어 이론상으로는 '상품' 이동성이 거의 완벽한 금융 부문에서도 종업원은 선진국에 집중돼 있다. 이 점은 뉴욕과 런던 금융가의 도시인들뿐 아니라 금융 부문 사무직 '생산 노동자'에게도 적용된다. 역외 이전은 세금 회피를 위한 것인데, 이런 역외 이전과 금융 산업에서의 고용은 거의 관계가 없다. 세금 회피 지역은 대부분 인구가 매우 적어서 선진국에서의 고용을 대체할 대안이 되지 못한다. 몇몇 기업들은 일부 작업 과정과 콜센터 등을 인도 같은 나라로 재배치했다. 그러나 널리 알려진 바와 달리 이들이 금융 산업에서 차지하는 고용 비중은 아주 미미하다.

많은 다른 산업들은 근본적으로 이동이 아예 불가능하다. 많은 개인 서비스업이 대체로 그렇다. 예를 들면 미용실을 해외로 이전할 수는 없다. 또, 이전이 불가능한 물질적 생산도 많다. 건설업이 가장 분명한 사례다. 건설 노동자들이 '세계화'의 위협에서 벗어날 수 있다면 운수·통신 산업의 노동자들도 마찬가지로 강력한 힘을 발휘할 수 있다. 잘 알려진 세계화 옹호론자인 수전 스트레인지Susan Strange도 세계화로 노동계급이 약화하는 데서 트럭 운전사들 같은 예외가 있음을 인정했다.[49] 이 부문의 전투성을 보여 주는 중요한 사례가 1997년 미국 UPS 파업과 최근의 런던 지하철 노동자 파업이다. 그렇다고 해서 운수 노동자들이 다른 노동자들보다 더 전투적이거나 더 많은 보수를 받는 것은 아니다.[50] 자본의 이동성과 비이동성이 노동자들에게 큰 영향을 미쳤다는 것은 확실하지 않다.

마지막으로, 자본 재배치에 관한 주장이 타당하다고 널리 받아들여지는 경우가 흔하지만 이런 주장이 분명하게 적용되는 경우는 오직 선진국 노동자들의 약화에만 국한된다. 전에는 노동계급이 존재하지 않았던 곳에서 자본이 재배치됨으로써 강력한 노동계급이 출현했다. 예를 들면 겨우 몇십 년 전만 해도 노동조합이 존재하지 않았던 브라질, 한국, 남아공 같은 곳에서 강력한 노동자 조직이 건설됐다(물론 낯익은 조직화 문제들에 직면해 있기는 마찬가지다).[51] 또한 특히 중국을 포함한 다른 많은 곳에서도 엄청난 가능성이 생겨났다.

요약하자면, 자본주의 세계화에 관한 증거는 기껏해야 단편적일 뿐이고 자본주의 세계화가 노동자들에게 미치는 영향은 훨씬 더 미미하다. 자본은 고임금과 강성 노조를 피해 이동할 수 있고 실제로 이동했지만 그 이동의 정도는 세계화론자들이 주장하는 것보다 훨씬 미미하다. 이것은 '현재 위치'에서 저항의 가능성이 여전히 상당하다는 것을 의미한다.

국가의 쇠퇴와 '민주주의 결손'

많은 저술가들이 노동계급의 약화는 국가권력이 축소된 간접적 결과라고 생각한다. 자본의 이동성이 국가를 뛰어넘음에 따라 일국 수준에서 쟁취했던 개혁들이 힘을 잃고 있다는 것이다. '민주주의 결손'*과 복지 기능의 '축소'가 나타났다.[52] 이런 주장이 함축하는 것은 노동운동이 자신의 힘이 약해진 영역, 즉 국내에서 권력을 추구하지 말고 세계적 영역으로 차원을 높여야 한다는 것이다. 이런 주장의 개혁주의 버전은 국제노동기구ILO나 (훨씬 더 낙관적이게도) 세계무역기구WTO 같은 국제기구에 의존하거나 국제 노동조합 관료들을 변화의 주체로 여긴다.[53] 더 급진적인 버전은 현장조합원들의 노동자 국제주의 전통을 복원하고 더 발전시켜야 한다고 주장한다.[54]

이런 주장을 여기서 길게 분석할 필요는 없을 것이다. 이 글의 앞부분에서 이 문제를 적어도 함축적으로는 이미 다뤘기 때문이다. 자본의 이동성이 생각보다 크지 않다면 여전히 국가를 상대로 한 투쟁은 여러 가지 이유로 중요할 것이다. 이 주장 역시 학자들의 주목을 받아 왔고, 이런 주장을 반박하는 다양한 학자들의 글은 국가의 구실이 축소됐다는 주장이 왜 신화인지를 밝히는 중요한 이론적·역사적·실증적 이유들을 제시한다.[55] 이런 비판적 글 중에는 아쉽게도 민족주의에 입각한 주장도 있지만 이

---

* 외견상 민주적인 기관이 그 운영과 실제에서 의회 민주주의의 원칙을 실현하는 데 실패한 것을 일컫는 말이며 국가의 운영이 일부 자본가 권력에게 통제되고 있음을 나타낸다.

런 주장들은 심지어 자유주의적으로 평가되는 국가들이 얼마나 개입주의적인지를 성공적으로 밝혀낸다.[56] 더욱이 국가의 쇠퇴에 대한 주장들은 이 저널[인터내셔널 소셜리즘]의 독자들이라면 이미 잘 알고 있을 자본주의 국가의 본질에 대해 잘못 이해하고 있다. 국가와 자본 사이에 때때로 긴장이 있는 것은 사실이다. 그러나 국가와 자본은 근본적으로 대립하지 않는다. 사회주의자들이 국가권력을 획득한 뒤 세계 자본주의에 근본적으로 도전하지 않고도 자신들의 목적에 맞게 국가를 이용할 수 있을 것이라는 생각은 개혁주의적 환상이다. 물론 국가권력은 단지 자본의 이해관계로 환원되지 않는다. 국가의 제한적 자율성조차 일국 수준에서 개혁을 획득하는 데 중요한 구실을 할 수 있다. 그러나 이런 개혁은 근본적으로 불안정하다. 개혁주의의 한계를 지적한다고 해서 개혁을 위한 투쟁을 거부하는 것은 절대 아니다. 이제는 개혁을 획득하고 유지하는 능력이 약해졌다고 할 수 있다.

국가의 쇠퇴라는 주장에 대해 두 가지만 지적해야겠다. 첫째, 국가의 경제적 구실이 쇠퇴했다는 증거는 거의 없다. 1980년 이후 대부분의 선진국에서 사회 복지 분야를 포함한 정부 지출 규모가 증가했다.[57] 19세기는 말할 것도 없고 제2차세계대전 전과 비교해 봐도 사뭇 다르다. 경제의 취약성을 나타내는 지표라는 높은 수준의 정부 지출이 경제적 재앙을 불러오지도 않았다.[58] 적어도 선진 강대국에서는 정부의 힘을 약화시킨다고 알려진 기술들을 국가가 자신의 필요에 따라 활용한다. 쿠바나 이른바 테러리스트들에게 자금이 흘러들어 가는 것을 감시하는 기술이 그런 사례다.[59] 심지어 상대적 빈국인 칠레나 말레이시아도 꽤 효과적으로 자본 통제를 실시했다.

둘째, 국가는 여전히 계급투쟁의 영역으로 남아 있고, 노동계급의 적들은 그 투쟁 영역을 포기할 기미가 전혀 없다. 노동자들에 대한 공격이 국가 정책의 직접적 결과인 경우가 많다. 예컨대 최저임금 삭감(특히 미국에서)이나 노조 통제 법률 제정이 그렇다. 반드시 그런 것은 아니지만 "재계"는 특히 한 나라 수준에서 여전히 잘 조직돼 있고,[60] 각국 정부는 이러한 국내 자본의 노동 통제 조처들에 호응하고 있다. 정부가 국내 자본을 지원하는 것은 해외 자본을 유치하거나 유지하는 것보다 훨씬 중요하다.[61] 또, 여전히 국내 노동운동으로 '개혁'을 효과적으로 쟁취할 수 있다. 영국이나 다른 나라 상황과 달리 프랑스에서 벌어진 노동 악법 반대 투쟁이 그 예다.

자본가들이 국가를 통해 계속 노동 통제 정책을 시도하는 것은 단순히 경제 권력만으로는 노동자들을 굴복시킬 수 없기 때문이다. 국가는 여전히 핵심적인 투쟁 영역이고, 노동자 국제주의 지지자들은 이 투쟁을 기각해서는 안 된다. 실천에서 국내 노동운동이 여전히 중요하다는 것은 명백하다.

노동자와 신경제

조직적이지 않고 유연한 포스트 포드주의 자본주의의 새 시대 운운하는 주장이 널리 퍼져 있다.[62] 이런 자본주의 덕분에 경제가 새로운 활력을 얻었다는 것이다. 이런 주장을 의심할 만한 이유가 많지만 여기서 이 광범한 주장을 모두 다룰 필요는 없을 것이다. 1990년대 중반 이후 미국 경제의 생산성이 실제로 향상됐지만 전후 장기 호황 시대는 고사하고 여전히 1970년대 수준도 회복하지 못했다. 일본과 유럽 대륙에서는 기술혁신이 있었지만 이와 동시에 생산성 향상에 실패했고 경제 활동이 극심하게 정체했다. 그러나 선진국 전체에서 노동 세력 약화가 일반적으로 나타났다. 이 절에서는 신경제가 노동자 조직화 전망을 변화시켰다는 주장에 초점을 맞출 것이다. 다음 두 절에서는 이러한 주장이 가장 강력하고 제조업의 쇠퇴가 가장 두드러진 미국 사례에 집중할 것이다. 그러나 다른 많은 곳에서도 비슷한 현상이 나타났고 비슷한 주장이 개진됐다. 먼저 자본 재구성과 작업장 규모 축소 주장을 다룰 것이다. 그 다음으로는 신기술이 숙련도에 기반한 노동을 변화시켰다는 이른바 '노동의 변화' 주장을 다룰 것이다.

먼저, 신경제가 기업과 작업장 구조를 바꿨다고들 한다. "포드주의" 대공장이 복잡한 하청 네트워크로 대체됐다는 것이다. 가내 공업이 다시 활력을 얻고 있다는 주장이[63] 공상적으로 들릴 수 있지만 역사적으로 소규모 작업장에서 조직하기가 더 어려웠다는 것이다.[64] 노사간 위계제가 덜 작용한다고도 한다. 소규모 자본가들도 착취하기는 마찬가지지만 그들 역시 대자본의 희생자들이고, 권력이 네크워크를 따라 분산되면서 계급 적대가 시야에서 사라졌다는 것이다.[65]

산업구조와 노동자 조직화 사이의 관계를 기계적으로 생각하는 것은 위험하다. 포드 자동차 공장에서 노동조합을 조직하는 데는 38년이라는 긴 투쟁이 필요했다. 한편 중국의 수많은 대공장에는 사실상 독립 노조가 존재하지 않는다. 반대로, 잘 조직되고 전투적인 노동자들이 비교적 소규모 작업장에서 일할 수도 있다. 영국 석탄 탄갱당 고용 규모는 19세기 초에 300명에 지나지 않았고 1984년 광원 대파업이 시작될 때도 900명뿐이었다.[66] 그럼에도 자본의 집적과 집중이 노동자들을 훨씬 더 많이 결집시키는 것은 자본주의가 자신의 무덤을 파는 사람들을 창조하는 과정의 중요한 일부라고 할 수 있고, 이런 일이 더는 일어나지 않는다면 당연히 중대한 결과가 나타날 것이다.

그러나 집적과 집중은 자본주의에서 나타나는 유일한 영속적 경향이 아니었다. 그래서 마르크스는 다음과 같이 주장하기도 했다.

이때까지는 동일한 생산자가 본업이나 부업의 형태로 함께 경영해 오던 업종들은, 매뉴팩처식 경영에 장악되면 즉시 분리되고 독립한다. 매뉴팩처식 경영이 어떤 상품의 특정 생산 단계를 장악하게 되면 그 상품의 다른 생산단계들은 각각 독립 산업으로 전환된다.[67]

따라서 전에 연결돼 있던 과정이 이렇게 분절된 것은 생산 규모의 축소가 아니라 성장을 보여 준다. 그래서 초기 반도체 회사들은 다양한 종류의 반도체를 생산하고 생산의 모든 단계에 손을 뻗쳤다. 디자인에서 조립, 시험 그리고 컴퓨터 같은 완제품 생산까지 모두 취급한 것이다. 그 후 기업들은 마이크로프로세서나 메모리칩, 또 시계용 칩 등으로 생산을 전문화해서 그중 일부는 시장을 독점할 수 있게 됐다. 마이크로프로세서 부문의 인텔 사가 대표적인 경우다. 마찬가지로, 칩 제조업체들도 스스로 반도체 제조 장비를 갖추기보다는 어플라이드머티리얼즈Applied Materials · 니콘 · 캐논 같은 소수의 전문 업체한테서 반도체 장비를 구입할 수 있었다. 그래서 모든 자본재를 직접 생산했을 때보다 더 큰 규모의 경제를 실현했다.[68]

이 점은 '신경제'에만 국한되지 않는다. 자동차 생산을 예로 들면 많은 서구 기업들이 일본처럼 부품 생산을 특정 부품업체에 외주화하는 방식을 모방했다. 즉, 생산의 분산은 흔히 실제로는 한 작업장에 제한돼 있던 생산이 확장되는 것을 의미하기도 한다.[69] 이 점은 중요한 함의가 있다. 생산 네트워크의 다른 부분에서 일하는 노동자들이 마치 한 공장 안에 있는 노동자들처럼 긴밀하게 연결되는 것이다. 작은 부품업체에서 일어난 파업이 생산 시스템 전체를 붕괴시킬 수 있게 됐다. 1998년 미시간의 한 GM 부품 공장의 파업에 대한 앤드루 헤로드의 평가를 보면 이 파업이 얼마나 빨리 북미 전체의 GM 공장을 멈추게 하고 GM에 20억 달러 이상의 손실을 입혔는지 알 수 있다.[70]

때때로 특정 작업과 생산단계의 분화가 한 기업 내에서 일어날 수도 있지만 서로 경쟁하는 특정 기업 단위들이 생성될 수도 있고 모기업과 분리된 독립 기업이 나타나기도 한다. 이런 생산 네트워크의 발전 덕분에 최종 생산물 제조업체는 생산과정의 많은 부분을 독립적 하청회사에 외주화해, 고용 증가 없이도 매출을 늘릴 수 있었다. 이것은 계급 관계를 복잡하게 만들 수 있다. 하청회사와 원청회사가 비용 삭감과 노동자들에 대한 공격의 책임을 서로 미룰 수 있기 때문이다. 그러나 이런 독립적 관계는 종종 실질적 관계라기보다는 형식적 관계에 지나지 않는다. 영국 건설 산업을 보면 많은 명목상 소기업들이 사실은 세금 회피용으로 만들어진 1인 회사다.[71] 심지어 실제의 기업들 사이에서도 이름뿐인 자유 시장 이면에는 공급 과정의 위계질서에 따른 권력 관계가 숨어 있다.[72] 특정 부품을 공급하는 기업이 하나 이상 존재하면 라이벌 관계가 형성되고 노동자들끼리 서로 반목하게 만들 수 있다. 그러나 어떤 한 부분에서 행동이 벌어질 경우 전체 생산 네트워크가 마비될 수 있다. 그런 네트워크의 특징 하나는 적시適時 생산 체제의 강화 때문에 생산의 특정 단계에서 문제가 생겼을 때 다른 기업이 곧바로 끼어들 수 없다는 것이다. 예를 들어, 2007년 호주의 한 범퍼·계기판 제조업체에서 노동자 230명이 벌인 파업은 40분도 채 안 돼 포드의 조립 공장에 영향을 미쳤고 하루에 100만 달러의 손실을 입혔다.[73] 언젠가는 경쟁사가 생산을 늘릴 수 있을 것이고, 따라서 서로 다른 공급업체들에서 연대가 조직되지 않는다면 한 부문의 투쟁은 중도에 무너질 수 있다. 그러나 이는 질적으로 새로운 문제는 아니다.

분산화 과정 때문에 집적과 집중 경향이 사라진 것도 아니다. 다시 한 번 북미 자동차 산업의 예를 들면 1990년대부터 외주화 규모가 커지면서 부품 공급 업체 수가 급격히 줄어들었다. 1990년 3만 개에서 2000년에는 1만 개 훨씬 이하로 줄었다.[74] 다시 말해 부품업체의 평균 규모가 급격하게 커지면서 많은 기업들이 그 분야에서 대기업이 됐다. 가장 눈여겨볼 만한 사실은 기업의 규모가 줄어든 조립업체보다는 기업이 커진 부품업체에서 노동조합 조직율이 훨씬 더 높아졌다는 것이다.

비슷한 현상이 다른 부문에서도 일어나고 있다. 미국의 금융 부문 노동자들은 1950년에 미국 체신·전문직 노조가 산업별회의CIO에서 마녀사냥당한 뒤 거의 조직되지 않고 있었다.[75] 영국과 많은 유럽 나라에서는 은행 노동자들이 작업장 규모가 미국보다 더 작았는데도 상당히 효과적으로 노동조합을 건설했다. 그 뒤 구조조정이 일어나 은행 업무가 지점보다는 본점과 콜센터로 집중됐다. 본점과 콜센터처럼 새롭게 업무가 집중된 곳은 전에는 노동자들이 조직되지 않은 곳이었다. 나중에야, 예를 들면 영국 은행들에서 노동조합이 노조 인정받기와 조합원 조직화 면에서 상당한 성과를 거둘 수 있었다.[76]

소규모 생산으로의 회귀라는 이미지는 근본적으로 매우 과장된 것이다. 미국의 평균 기업 규모는 줄어들지 않았고, 500인 이상 작업장에서 일하는 노동자 비율도 1990년 46퍼센트에서 2004년 49퍼센트로 늘어났다.[77] 다른 선진국에서도 크게 다르지 않을 것이다. 반면 상대적 후진국에서는 노동의 광범한 집중화가 진행됐다. 생산 과정의 외주화는 때때로 생산의 해외 이전과 결합되기도 한다. 이런 현상이 보편적이지 않다고들 하지만, 일부 부문에서는 매우 실질적이다. 신발이나 의류 업체가 생산을 동아시아의 혹사공장에 외주화하는 전형적인 경우가 그렇다. 노동자들의 노동조건은 분명 끔찍하다. 그러나 이것은 규모가 작기 때문이 아니다. 예를 들면 2005년 캄보디아 의류 수출 산업 공장의 오직 28.6퍼센트만이 노동자 수가 500명 미만이었고 7.3퍼센트는 5000명 이상이었다. 이 부문 노동자 26만 명은 대체로 대규모 공장에서 일했다.[78]

공장 규모의 유지, 심지어 증가 이면에 실질적 변화가 있었을 수도 있다. 전에 대규모였던 작업장이 축소되면서 그동안 어렵게 쟁취한 노동조합의 힘이 약해진 경우도 많다. 한편, 노동자가 새롭게 집중되는 곳에서는 투쟁 없이 노동조합이 조직되지 않는다. 중요한 점은 구조 변화 때문에 이런 투쟁과 조직이 제한되는 것이 아니라는 점이다.

노동의 성격 변화

노동자의 잠재력이 줄어들었다는 주장이 드는 두 번째 근거는 노동의 성격이 변했다는 것이다. 특히 신기술이 숙련 노동의 필요성을 변화시키고 노동자를 양극화시켰다는 것이다. 어떤 직업은 더 많은 숙련도를 요구하는데, 연구·개발이나 금융 부문 등 새로운 지식 경제에서 가장 중요한 "기호 처리" 업무의 경우가 바로 그렇다는 것이다.[79] 한편 팀제가 도입된 제조업 노동자들도 새롭게 기술을 익혀, 일부 저자들에 따르면 "새로운 장인들"이 돼서[80] 더 유연하게 일하고 자신의 노동에서 덜 소외되고 집단적 해결 방식을 덜 추구한다.[81] 반면 신기술 때문에 다른 직업들에서는 숙련 노동의 필요성이 줄어들었다. 은행 직원의 복잡한 업무 기술과 심지어 식당 노동자들이 하던 계산 작업도 컴퓨터로 대체됐다. 숙련도도 낮고 특별한 기술도 필요 없는 청소부 같은 일부 직업은 비교적 타격을 받지 않았지만, 이런 직업 자체가 줄어들면서 경쟁이 더 치열해지자 임금이 떨어지고 있다. 이런 일자리는 비정규직화하고 흔히 시간제나 유연한(여기서 유연화는 자본이 노동을 공격하는 데서 발휘되는 온갖 유연함으로 나타난다) 일자리로 바뀌었다고 한다.[82] 이것은 한때 노동자 조직의 근간을 이루었던 반숙련 노동자들의 감소를 의미한다. 이런 견해에 따르면, 점증하는 불평등 사례들은 숙련도의 양극화 때문이다. 이 과정도 성과 인종에 따른 노동시장 불평등을 강화한다는 것이다.[83]

역시 이런 주장을 의심할 만한 많은 이론적·경험적 이유들이 있다. 로런스 미셸과 그의 공저자들이 주장했듯이 "일반적으로 말해 투자와 기술 변화가 교육받은 숙련직 노동력을 더 많이 요구하는 것은 사실이다. 그러나 이것은 20세기 내내 그랬다. 따라서 왜 임금 불평등이 20년 전부터 증가하기 시작했는지를 설명해 주지는 못한다."[84] 또한 왜 특별히 반숙련 노동자들이 조직되기 쉬운지도 분명하지 않다. 역사적으로, 숙련 노동자(예를 들면 교사)들과 미숙련 노동자(예를 들면 미화원)들은 모두 잘 조직됐고 또 전투적이었다.

많은 경우 과학기술이 숙련도에 미치는 영향을 평가하기란 쉽지 않다. 마이크로일렉트로닉스 같은 일부 첨단 기술 산업에서 숙련 기술자들과 생산직 노동자들 사이의 양극화가 일어날 수 있지만[85] 다른 분야에서는 정반대 현상이 나타날 수 있다. 건설 산업이 분명한 예를 보여 준다. 이 부문에서는 신기술이 숙련도를 중간화(양극화와 반대로)했다. 신기술은 숙련 수작업의 중요성을 상대적

으로 감소시킴과 동시에 육체 노동(운반 작업 등)의 필요성도 감소
시켰다. 이런 과정이 노동자 조직화에 기여했다는 증거는 없다.[86]
대부분의 나라에서 건설 부문이 다른 부문보다 더 잘 조직된 것도
아니고 미국에서는 다른 부문보다 현저하게 조직화 정도가 낮다.

숙련과 임금과 조직화에 대한 논의에는 보수적 순환론이라는
실질적 위험이 있는 듯하다. 주류 경제학은 사람들이 자신의 '인
적 자본', 즉 숙련도에 따라 대가를 받는다고 주장한다(그렇다면
여성과 소수 인종 노동자들이 임금을 적게 받는 이유는 백인 남성보다
그들이 체계적으로 덜 숙련됐기 때문이라는 주장이 성립되는 셈이다).
그러나 예컨대, 미국의 소득 분배를 살펴보면 상위 20퍼센트와
하위 20퍼센트에 해당하는 사람들의 노동조합 조직률이 그 중간
에 있는 사람들보다 낮다.[87] 당연히 마르크스주의자들은 (특히 하
위 20퍼센트에 대해) 정반대 인과관계를 적용할 수 있다. 노동조합
으로 조직되지 않았기 때문에 소득이 적은 것이지 그 반대가 아
니라는 것이다. 노동조합은 임금 인상을 쟁취한다. 따라서 소득
이 적은 사람들이 중간 소득자들보다 덜 조직돼 있다는 사실은
그리 놀랄 일이 아니다.[88] 실제로 미국에서는 1973년부터 2005년
까지 임금 격차 확대의 60퍼센트가 교육 수준이 비슷한 동일 집
단 내에서 발생했다.[89]

역사적으로, 노동조합으로 조직되기 전까지 저숙련 남성 일자
리들은 임시직에다 임금도 매우 낮았다. 오늘날에도 여성과 백인

이 아닌 노동자들이 비교적 저임금의 일자리를 차지하고 있다. 그러나 '노동조합 프리미엄'이 훨씬 더 크다. 미국에서는 노동조합에 따른 임금 상승분이 남성의 경우 24퍼센트, 여성은 31퍼센트다. 백인 노동자에게는 30퍼센트, 흑인에게는 32퍼센트, 라틴계, 즉 히스패닉계 노동자에게는 46퍼센트다.[90] 조사에 따르면, 당연히 여성과 소수 인종 노동자들이 백인 남성 노동자들보다 노동조합에 더 우호적이다.[91] 성과 인종에 따른 임금 격차는 여전히 크다. 온갖 제도와 관행이 노동조합 조직화와 동일 임금을 쟁취하는 데 걸림돌 구실을 하는 것도 사실이다. 그러나 성과 인종에 따라 노동이나 인적 자본의 차이가 노동조합 조직을 무의미하게 만들었다는 생각은 터무니없다. 오히려 노동조합의 약화가 대부분의 임금 양극화의 원인이다.[92]

생산과정에 변화가 일어난 것은 맞지만, 이를 노동자 조직의 약화와 연결시키려 할 때는 조심스러워야 한다. 일본에서 도입된, 특히 1940년대 후반과 1950년대 초반 노동조합이 혹독한 패배를 당한 뒤 도요타 공장에 도입된 노동과정에 착안해 서구 산업에도 팀제 이론이 도입됐다. 각 직무가 확연히 구분되는 포드주의 생산라인이 아니라 하나의 팀이 더 넓은 범위의 직무에 책임을 진다. 일본에서는 이런 노동과정이 주로 핵심 남성 노동자들에게 50대까지 상대적 고용 안정을 보장하는 종신고용제와 연관돼 있었다. 기업은 노동자들의 숙련도 향상을 위해 더 많이 투자하고 노동자들은 더 많은 소득을 보장받는다. "지속적 개선" 체계는 생산 과정에 노동자를 "투입"하는 것을 중시한다. 이 체계는 생산라인이 상품을 쏟아내는 체계가 아니라 필요할 때만 상품이 생산되는 수요 중심 체계다.[93]

이런 체계가 도입된 곳에서는 새롭게 숙련도를 높여야 한다. 그러나 이런 체계가 자동으로 노동의 소외를 완화시킨다는 증거는 거의 없다. 사실, 이 체계가 도입되면 노동자들은 더 열심히 일해야 한다. 경직된 생산라인에서는 쉬는 시간이 생겨나지만 라인을 따라 동일한 노동이 반복되는 방식이 아닌 이런 방식을 채택하면 유연화 덕분에 이런 틈을 메울 수 있다. 항상 다음 작업이 노동자를 기다리고 있다.[94] 또한 팀제 하에서는 한 노동자가 아프거나 휴식을 취하면 그 빈자리를 다른 노동자가 메워야 한다. 따라서 이 제도는 "스트레스에 의한 경영"이라는 용어를 만들어 냈다.[95]

서비스 분야의 일자리 성장이 근본적 변화를 일으킨 것도 아니다. 서비스 분야도 제조업 분야와 비슷한 과정을 겪고 있고 서비스 노동자도 조직될 수 있다. 해리 브레이버맨의 고전적 연구[96]에서 확인된 "화이트칼라 노동의 변질" 과정은 흔히 강화했다. 심지어 컴퓨터 프로그래머처럼 숙련도가 매우 높은 "기호 처리자들"도 생산 과정의 복잡함과 규모 때문에 마치 거대한 공장 같은 대규모 사무실에서 각각의 프로그래머는 전체 생산물의 아주 작은 한 부분만을 제작할 뿐이다. 또, "스트레스에 의한 경영"이 가장 분명하게 나타나는 부문이 바로 서비스 부문이다. 콜센터에는 종종 매너라고는 찾아보기가 어려운 고객의 온갖 질문에 대답하기 위해 수많은 노동자들이 전화를 기다리고 있다. 런던의 히드로 공항의 체크인 카운터에서 승객들은 끔찍하게 오랫동안 기다려야 하지만 노동자들도 항상 성난 승객의 요청에 최대한 빨리 대응해야 한다. 이렇게 노동은 끔찍한 일이 되고, 더 많은 가치를 노동에서 쥐어짜 낸다. 그렇다고 해서 이런 구조 자체가 저항을 제한하는 것은 아니다.

브레이버맨의 책은 변화가 노동자들에게 영향을 미치는 방식을 너무 결정론적으로 파악했다고 비판받았다. 블루칼라와 화이트칼라 노동자들 모두 효과적으로 저항할 수 있고 그들은 투쟁을 통해 근무 환경을 스스로 결정할 수 있다. 일본식 팀제가 서구 작업장에 도입될 때는 서로 다른 노동운동 전통 때문에 그 방식이 달라질 수 있다. 팀제 하의 팀 회의가 생산성 향상을 위한 것이 아니라 고된 노동을 불평하는 자리가 될 수도 있다. 그래서 실제 많은 경우 팀 회의가 폐지됐다. 팀 간 경쟁은 업무 능력을 배가시키기보다 다른 팀에 대한 태업을 부를 수도 있다.[97] 실제로 이 시스템은 문제를 더 많이 일으킬 수 있고 제대로 운영하려면 감시와 감독이 더 많이 필요하다.[98] 흔히 사용자들은 팀제를 확립하기 위해 노동조합과 협상해야 함을 깨달았고, 노동조합은 착취를 약화시키기 위해 협상을 중단시킬 힘이 자신에게 있음을 깨달았다.[99]

따라서 유연화는 근본적으로 새로운 경제 논리의 반영이라기보다는 노동자들을 겨냥한 전략의 성격이 더 강하다. 유연화는 업무 자체의 변화라기보다 일자리 이름을 바꾸고 계약을 파기하는 것과 더 관련이 많다. 그러나 그조차도 자본이 이미 성취한 것이라기보다는 자본의 야심찬 계획에 그치는 경우가 많다. 1995~2005년 사이에 미국 노동인구 중 비정규 노동자의 비율은 실제로 약간 감소했고, 비정규 노동자들 중 장기고용(임시 계약직이지만 1년 이상 고용이 유지된) 비율은 (약 62~65퍼센트) 증가했다.[100]

마지막으로, 아마 가장 중요한 간단한 사실일 텐데, 노동자들 사이에 계급 양극화는 일어나지 않았다. 로런스 미셸과 공저자들은 상위 10퍼센트와 나머지 사이에 엄청난 격차가 있다고 주장하는데,[101] 양극화 주장은 보통 이 두 집단 간의 비교에 근거하고 있다. 이 방법은 노동계급 내의 (소득) 분포를 파악하기에는 매우 부적절하다. 당연히 사장들의 임금은 급상승했고, 일부 관리자들도 꽤 많은 돈을 벌고 있다. 임금이 낮은 부분과 중간 부분을 비교해봐야 상황을 더 분명히 알 수 있다. 임금이 낮은 부분과 중간 부분의 격차는 1980년에는 증가하다가 그 후로는 변함이 없거나 감소하고 있다.[102] 특히 미국에서는 (신경제가 시작됐다고 하는) 1987년 이후 남성들 사이의 격차는 줄어들었고 여성들 사이의 차이는 대체로 변함이 없다.[103] 미국의 경우 여성들 사이의 임금 격차가 남성들보다 더 큰데, 지금까지 상위 80퍼센트의 임금이 상당히 상승했다. 그러나 이 점은 다른 한편으로 성별 격차가 줄어들었다는 것을 보여 준다. 2005년 공식 빈곤선상의 저임금 여성 비율은 29.4퍼센트였고 남성은 19.9퍼센트였다. 남성의 경우 1979년의 15.7퍼센트에 비해 상승했지만 여성은 1979년의 42.1퍼센트에서 떨어졌다. 마찬가지로 빈곤선상의 저임금을 받는 흑인 남성과 여성 그리고 히스패닉계 여성 비율은 떨어졌다. 히스패닉계 남성은 떨어지지 않았다.[104] 유럽 대륙의 경우에도 하위 10퍼센트와 중간 사이의 격차가 줄어들었다.[105] 따라서 흔한 주장과는 달리 노동계급 내의 양극화는 훨씬 미미했다.

노동계급 내 양극화는 비슷한 숙련도를 가진 노동자들 사이에서 일어났고 특정한 과학기술적 변화와 관련 있는 것은 아니었다. 노동자 조직화의 쇠퇴는 불평등 심화와 저임금의 결과가 아니라 그 원인이라고 보는 게 적절하다.

조직화와 조직화 실패

자본주의는 계속해서 노동자들을 한데 모으고 또 분산시킨다. 자본주의는 말 그대로 어떤 곳의 노동자들은 집중시키고 다른 곳의 노동자들은 서로 경쟁시킨다. 또, 상징적으로도 자본주의는 공통의 계급 이해관계와 동질성을 창출하는 한편 각개격파를 위한 수천 가지 이간질 전략도 추구한다. 사회주의 정치란 모름지기 실제로 존재하고 눈치챌 수 있는 차이들을 극복하기 위한 것이다.[106] 최근의 실패는 공간적·경제적 이질성 증가만큼이나 좌파 정치의 실패와도 관계가 있다. 리처드 워커는 적절하게도 현재 시기를 자본주의 경제의 성공이라기보다 노동계급의 정치적 패배라는 관점에서 이해해야 한다고 주장했다.[107]

사회운동이나 지역사회 노동조합 운동을 옹호하는 일부 최근 저작들을 읽으면서 이 주장들을 잃어버린 연대의 전통을 되살리려는 노력으로 풀이할 수도 있다. 그러나 이런 전략을 작업장에 기반한 조직화를 대체할 대안으로 제시하는 것은 위험하다. 그리고 작업장 내의 집단적 착취가 노동자들의 파편화를 저지하는 경향이 있는데도 그런 집단적 착취가 더는 특별한 의미가 없다고 주장하는 것도 위험하다. 그렇다면 사회주의는 단지 "의지의 행위"가 될 것이다. 진정한 마르크스주의 전통은 항상 국제주의적이었고, 레닌의 말을 빌리면 단지 노동조합의 서기가 아니라 "인민의 호민관"이 되기 위해 작업장을 뛰어넘는 조직화를 추구해 왔다.[108] 그러나 작업장 내의 착취와 저항이 중요하다는 점도 강조해 왔다. 그런 저항이야말로 세계를 변혁할 노동계급의 특별한 잠재력을 창출하기 때문이다.

자본주의는 마르크스와 엥겔스가 오래 전에 주장했듯이 끊임없이 변한다. 그러나 최근의 변화가 노동자와 사회주의 조직에게 완전히 새로운 차원의 변화를 불러왔다는 주장을 신뢰하기는 어렵다. 제조업에서도 자본 이동은 흔하지 않다. 자본은 전투적 노동조합과 고임금을 피해 자신이 쉽게 이동할 수 있다는 생각을 퍼뜨리지만, 자본이 주장하는 것과 달리 이런 이동이 갈등 없이 이뤄진 경우는 거의 없다. 엄청난 임금 격차에도 불구하고 선진국에서 후진국으로의 급격한 투자 이동도 일어나지 않았다. 상당한 이동이 있기는 했다. 그러나 특정 부문에서, 또 매우 불균등한 방식으로 이동했다. 쇠퇴하고 있는 1차 산업뿐 아니라 확대되고 있는 서비스 산업도 포함해서 많은 부문에서 자본의 이동 가능성은 훨씬 적다. 노동계급이 직면한 문제들은 자본 이동성과 기껏해야 미약한 연관이 있을 뿐이다. 이와 비슷하게, 비록 기업 구조 변화가 기존에 확립된 노동자 세력을 적잖이 약화시키고 있지만 이런 변화가 소규모 가내공업으로의 회귀나 소외된 노동의 종말을 가져오지 않았다. 또, 이런 변화가 작업장에 기반한 조직화 전략의 중요성을 감소시키지도 않는다. 이런 변화가 규모의 중요성을 사라지게 하거나 투쟁을 가장 잘 확산시키고 강화할 수 있는 전술을 고민하는 것의 중요성을 기각하지도 않는다. 상황은 다양하다. 유럽의 신발 공장이 문을 닫고 유럽 바깥의 해외로 생산을 이전하려 한다면 공장을 유지하는 길은 사실 외부의 연대에 달려있을 것이다. 자신의 경험이 실제로 보편적이지 않음을 보여 주는 통계 수치들을 찾아내는 것은 정치적으로 멍청한 짓이다. 그러나 모든 노동자들이 똑같은 문제들에 직면했다는 주장도 마찬가지로 잘못이다. 철도 노동자들, 건설 노동자들, 병원 노동자들그리고 제조업을 포함한 그 밖의 다른 노동에 종사하는 많은 노동자들에게는 진정한 힘이 있다. 물론 한 부문의 투쟁은 다른 부문으로 확산되는 것이 효과적이다. 그리고 작업장에서 직접적 착취에 맞선 투쟁의 가능성이야말로 사회주의적 국제주의의 변함없는 필수적 출발점이다.

후주

1   예컨대, Hardt and Negri, 2000.

2   Harvey, 2003.

3   Rowley and Benson, 2000.

4   Frieden, 1991; Strange, 1996.

5   Castells, 1996, 1997 and 2000; Lash and Urry, 1987 and 1994; Murray, 1988; Piore and Sabel, 1984; Hyman, 1992; Reich, 1991.

6   Reich, 1991.

7   Hyman, 1999.

8   Tilly, 1995; Mazur, 2000; Radice, 1999.

9   Hyman, 1999.

10   Waterman, 1999; Wills, 2001; Wills and Simms, 2003.

11   Greider, 1997.

12   A Glassman, cited in Reich, 1991, p121.

13   Holloway, 1995.

14   Ross, 2000.

15   Huws, 1999.

16   Holloway, 1994 and 1995; Fine, 2004; Dunn, 2004.

17   Held, McGrew, Goldblatt and Perraton, 1999, p275.

18   Kenwood and Loughheed, 1992; Dunning, 1993.

19   Thomas, 1997.

20   Pilat, Cimper, Olsen and Webb, 2006.

21   국제연합 무역개발회의(UNCTAD)의 2005년 전망 평가. www.unctad.org/fdiprospects 참조.

22   UNCTAD의 2007년 세계투자보고서에 계산한 수치. www.unctad.org 참조.

23   WTO의 2007년 '국제무역통계'. www.wto.org 참조. WTO의 개발도상국 정의는 정태적인 것이다. 그래서 지금은 상대적으로 부유한 동아시아 나라들도 개발도상국에

포함된다. 그러나 그런 정의는 각국을 비교할 수 있게 해 주는 장점이 있다.

24 UNCTAD, World Investment Report 2006, available at www.unctad.org

25 UNCTAD, Handbook of Statistics 2006-7.

26 다음의 자료들을 바탕으로 계산한 수치다. United Nations Development Programme Human Development Report 2006; United Nations Commission on Trade and Development World Investment Report 2006; World Bank, World Development Report 2006: Equity and Development; Census, Statistical Abstract of the United States 2008, www.census.gov 참조.

27 World Bank, World Development Report 2006: Equity and Development.

28 UNCTAD, World Investment Report 2007.

29 UNCTAD, Handbook of Statistics 2006-7; National Bureau of Statistics of China, available at www.stats.gov.cn

30 UNCTAD, World Investment Report 2007. 세계 관련 수치들은 과장된 것이 분명하다. 그런 수치에 따르면 1990년대에 전 세계에서 1조 달러 이상의 순유출이 있었던 것으로 추산된다. 당연히 세계의 순유출은 0이 돼야 한다.

31 UNCTAD, World Investment Report 2007.

32 UNCTAD, FDI country profiles, 2007, available at www.unctad.org

33 Nayyar, 2007; Rowthorn and Ramaswamy, 1997; Navarro, 2000.

34 Census, Statistical Abstract of the United States 2008, available at www.census.gov

35 Fröbel, Heinrichs and Kreye, 1980.

36 Dicken, 2007.

37 Comtrade, available at http://comtrade.un.org

38 Comtrade.

39 Comtrade.

40 Thun, 2008.

41 Sutcliffe and Glyn, 1999.

42 Dicken, 2007.

43 Comtrade.

44 Dicken, 2007.

45 Dicken, 2007, p296.

46 UNCTAD, FDI country profiles, 2005, United States, Japan, available at www.unctad.org

47 Henderson, 1989.

48   Dicken, 2007, p333.

49   Strange, 1996.

50   ILO의 국제통계연감을 바탕으로 계산한 수치다. Dunn, 2004 참조.

51   Moody, 1997.

52   Burnham, 1997. 번햄은 이런 견해를 비판한다는 것을 강조해 두고 싶다.

53   Boswell and Stevis, 1997; Mazur, 2000; O'Brien, 2000; Hughes, 2002.

54   Waterman, 1999; Tilly, 1995; Radice, 1999.

55   Hirst and Thompson, 1999; Weiss, 1999.

56   Harman, 1996; MacLean, 2000.

57   Glyn, 2006.

58   Garrett, 2000.

59   Henwood, 1998; Gowan, 1999.

60   Henwood, 2006.

61   Herod, 1991.

62   후주 5번의 관련 자료 참조.

63   Sabel, 1984.

64   Ackers, Smith and Smith, 1996.

65   Lash and Urry, 1987.

66   Benson, 1980; 그리고 이 수치는 Callinicos and Simons, 1985를 바탕으로 계산한 것
      이다. 그들은 198개의 탄갱에 184,000명이 고용돼 있었다는 수치를 제시한다.

67   Marx, 1976, pp473-474.

68   Chon, 1997.

69   Moody, 1997.

70   Herod, 2000.

71   Harvey, 2001.

72   Gereffi, Humphrey and Sturgeon, 2005.

73   ABC News, Australia, 24 August 2007.

74   Dicken, 2007, p292.

75   Pollard, 2005.

76   Bain and Taylor, 2002.

77   Census, Statistical Abstract of the United States, available at www.census.gov

78   ILO, 2005.

79   Reich, 1991.

80 Piore and Sabel, 1984.

81 Womack, Jones and Roos, 1990.

82 Pollert, 1988.

83 MacEwan and Tabb, 1989; Cox, 1996.

84 Mishel, Bernstein and Allegretto, 2007, p199.

85 Dicken, 2007.

86 Thieblot, 2002.

87 Mishel, Bernstein and Allegretto, 2007.

88 Mishel, Bernstein and Allegretto, 2007, p188.

89 Mishel, Bernstein and Allegretto, 2007, p200.

90 Calculated from Census, Statistical Abstract of the United States, available at www.census.gov

91 Bronfenbrenner, 2003.

92 Mishel, Bernstein and Allegretto, 2007, p7.

93 Womack, Jones and Roos, 1990.

94 Smith, 2000.

95 Parker and Slaughter, 1988.

96 Braverman, 1974.

97 Clarke, 1997; Rinehart, Huxley and Robertson, 1997; Walton, 1997.

98 Delbridge and Lowe, 1997; Lewchuk and Robertson, 1997; Murakami, 1997; Rinehart, 1999.

99 Thelen and Kume, 1999.

100 Mishel, Bernstein and Allegretto, 2007, pp238, 241.

101 Mishel, Bernstein and Allegretto, 2007, p210.

102 Mishel, Bernstein and Allegretto, 2007, p5.

103 Mishel, Bernstein and Allegretto, 2007, pp142, 201.

104 Mishel, Bernstein and Allegretto, 2007, pp124-127.

105 Glyn, 2006.

106 Panitch, 2001.

107 Walker, 1999.

108 Lenin, 1975, p99.

참고 문헌

Ackers, Peter, Chris Smith and Paul Smith, 1996, "Against All Odds? British Trade Unions in the New Workplace", in Peter Ackers, Chris Smith and Paul Smith (eds), *The New Workplace and Trade Unionism* (Routledge).

Bain, Peter, and Phil Taylor, 2002, "Ringing the Changes? Union Recognition and Organisation in Call Centres in the UK Finance Sector", *Industrial Relations Journal*, volume 33, number 3.

Benson, John, 1980, *British Miners in the Nineteenth Century: A Social History* (Gill & Macmillan).

Boswell, Terry, and Dimitris Stevis, 1997, "Globalization and International Labor Organizing: A World-System Perspective", *Work and Occupations*, volume 24, number 3.

Braverman, Harry, 1974, *Labour and Monopoly Capital* (Monthly Review)[국역 : ≪노동과 독점자본≫, 까치, 1989].

Bronfenbrenner, Kate, "The American Labour Movement and the Resurgence in Union Organising", in Peter Fairbrother and Charlotte Yates (eds), *Trade Unions in Renewal: A Comparative Study* (Continuum).

Burnham, Peter, 1997, "Globalisation: States, Markets and Class Relations", *Historical Materialism 1*.

Callinicos, Alex, and Mike Simons, 1985, *The Great Strike* (Socialist Worker).

Castells, Manuel, 1996, 1997 and 2000, *The Information Age: Economy, Society and Culture*, volumes 1, 2 and 3 (Blackwell).

Chon, Soohyun, 1997, "Destroying the Myth of Vertical Integration in the Japanese Electronics Industry", *Regional Studies*, volume 31, number 1.

Clarke, Louise, 1997, "Changing Work Systems, Changing Social Relations?", *Industrial Relations*, volume 52, number 4, http://pubs.socialistreviewindex.org.uk/isj73/harman.htm

Harvey, David, 2003, *The New Imperialism*(Oxford University)[국역 : 《신제국주의》, 한울아카데미, 2005].

Harvey, Mark, 2001, *Undermining Construction: The Corrosive Effects of False Self-Employment* (Institute of Employment Rights).

Held, David, Anthony McGrew, David Goldblatt and Jonathan Perraton, 1999, *Global Transformations* (Polity).

Henderson, Jeffrey, 1989, *The Globalisation of High Technology Production* (Routledge).

Henwood, Doug, 1998, *Wall Street* (Verso), www.wallstreetthebook.com/WallStreet.pdf

Henwood, Doug, 2006, "The 'Business Community'", *Socialist Register 2006: Telling the Truth*.

Herod, Andrew, 1991, "Local Political Practice in Response to a Manufacturing Plant Closure: How Geography Complicates Class Analysis", *Antipode*, volume 23, number 4.

Herod, Andrew, 2000, "Implications of Just in Time Production for Union Strategy: Lessons from the 1998 General Motors—United Auto Workers Dispute", *Annals of the Association of American Geographers*, volume 90, number 3.

Hirst, Paul, and Grahame Thompson, 1999, *Globalization in Question*, second edition (Polity).

Holloway, John, 1994, "Global Capital and the Nation State", *Capital and Class 51* (summer 1994).

Holloway, John, 1995, "Capital Moves", *Capital and Class 57* (autumn 1995).

Hughes, Steve, 2002, "Coming in from the Cold: Labour, the ILO and the International Labour Standards Regime", in Rorden Wilkinson and Steve Hughes (eds), *Global Governance* (Routledge).

Huws, Usula, 1999, "Material World: The Myth of the Weightless Economy", *Socialist Register 1999: Global Capitalism vs Democracy*.

Hyman, Richard, 1992, "Trade Unions and the Disaggregation of the Working Class", in Mario Regini (ed), *The Future of Labour Movements* (SAGE).

Hyman, Richard, 1999, "Imagined Solidarities: Can Trade Unions Resist Globalisation?", in Peter Leisink (ed), *Globalisation and Labour Relations* (Edward Elgar).

ILO, 2005, "Promoting Fair Globalization in Textiles and Clothing in a Post-MFA Environment" (ILO Sectoral Activities Programme), www.ilo.org/public/english/dialogue/sector/techmeet/tmtc-pmfa05/tmtc-pmfa-r.pdf

Kenwood, George, and Alan Loughheed, *The Growth of the International Economy: 1820-1990* (Routledge).

Lash, Scott, and John Urry, 1987, *The End of Organized Capitalism* (Polity).

Lash, Scott, and John Urry, 1994, *Economies of Signs and Space* (SAGE).

Lenin, Vladimir, 1975 [1902], *What is to be Done?* (Foreign Languages Press), www.marxists.org/archive/lenin/works/1901/witbd/[국역 : ≪무엇을 할 것인가≫, 박종철출판사, 1999].

Lewchuk, Wayne, and David Robertson, 1997, "Production without Empowerment, Work Reorganisation from the Perspective of Motor Vehicle Workers", *Capital and Class 63* (autumn 1997), www.oecd.org/dataoecd/44/17/37607831.pdf

Piore, Michael, and Charles Sabel, 1984, *The Second Industrial Divide: Possibilities for Prosperity* (Basic Books).

Pollard, Jane S, 2005, "The Contradictions of Flexibility: Labour Control and Resistance in the Los Angeles Banking Industry", *Geoforum*, volume 26, number 2.

Pollert, Anna, 1988, "The 'Flexible Firm': Fixation or Fact?", *Work, Employment and Society*, volume 2, number 3.

Radice, Hugo, 1999, "Taking Globalization Seriously", *Socialist Register 1999: Global Capitalism vs Democracy*.

Reich, Robert B, 1991, *The Work of Nations* (Simon & Schuster).

Rinehart, James, 1999, "The International Motor Vehicle Program's Lean Production Benchmark: A Critique", *Monthly Review*, January 1999.

Rinehart, James, Christopher Huxley and David Robertson, 1997, *Just Another Car Factory: Lean Production and its Discontents* (ILR).

Ross, George, 2000, "Labor Versus Globalization", *Annals of the American Academy of Political Science 570*.

Rowley, Chris, and John Benson, 2000, "Global Labor? Issues and Themes", *Asia Pacific Business Review*, volume 6, numbers 3 and 4.

Rowthorn, Robert, and Ramana Ramaswamy, 1997, "Deindustrialization — Its Causes and Implications", International Monetary Fund, www.imf.org/external/pubs/ft/issues10/issue10.pdf

Sabel, Charles, 1984, *Work and Politics* (Cambridge University).

Smith, Tony, 2000, *Technology and Capital in the Age of Lean Production: _A Marxian Critique of the "New Economy"* (State University of New York).

Strange, Susan, 1996, *The Retreat of the State: Diffusion of Power in the World Economy* (Cambridge University)[국역 : 《국가의 퇴각》, 푸른길, 2001].

Sutcliffe, Bob, and Andrew Glyn, 1999, "Still Underwhelmed: Indicators of Globalization and Their Misinterpretation", *Review of Radical Political Economics*, volume 31, number 1.

Thelen, Kathleen, and Ikuo Kume, 1999, "The Effects of Globalization on Labor Revisited: Lessons from Germany and Japan", *Politics and Society*, volume 27, number 4.

Thieblot, Arman, 2002, "Technology and Labor Relations in the Construction Industry", *Journal of Labor Research*, volume 23, number 4.

Thomas, Kenneth P, 1997, *Capital beyond Borders: States and Firms in the Auto Industry, 1960-94* (Macmillan).

Thun, Eric, 2008, "The Globalization of Production", in John Ravenhill, *Global Political Economy* (Oxford University).

Tilly, Charles, 1995, "Globalization Threatens Labor's Rights", *International Labor and Working Class History*, volume 47, number 1.

Walker, Richard A, 1999, "Putting Capital in its Place: Globalization and the Prospects for Labor", *Geoforum*, volume 30, number 3.

Walton, Mary, 1997, *Car: A Drama of the American Workplace* (WW Norton & Company).

Waterman, Peter, 1999, "The New Social Unionism: A New Union Model for a New World Order", in Peter Waterman, and Ronaldo Munck (eds), *Labour Worldwide in the Era of Globalisation: Alternative Models in the New World Order* (St Martin's), http://www.antenna.nl/~waterman/book.html

Weiss, Linda, 1999, *The Myth of the Powerless State* (Cornell University)[국역 : 《국가 몰락의 신화》, 일신사, 2002].

Wills, Jane, 2001, "Community Unionism and Trade Union Renewal in the UK: Moving Beyond the Fragments at Last?", *Transactions of the Institute of British Geographers*, volume 26, number 4.

Wills, Jane, and Melanie Simms, 2004, "Building Reciprocal Community Unionism in the UK", *Capital and Class* 82 (spring 2004).

세계의 노동계급

크리스 하먼

지난 2년 반 동안 전 세계에서 반자본주의 운동이 분출하면서 오래된 논점들이 새로운 형태로 다시 제기됐다. 가장 핵심 논점은 주체에 관한 것이다. 즉, 어떤 세력이 체제에 도전해 세계를 변혁할 힘을 갖고 있느냐 하는 것이다.

고전적 마르크스주의의 대답은 간단하다. 자본주의의 성장은 반드시 피착취 계급, 즉 노동계급의 성장을 수반하며 이 노동계급이 체제에 맞선 반란에서 핵심이 된다는 것이다. 그러나 오늘날 이런 관점은 '제3의 길'을 주장하는 사회민주주의 우파뿐 아니라 유명한 반자본주의 운동의 대변자 등 여러 사람들에게 도전받고 있다. 특히 마이클 하트Michael Hardt와 안토니오 네그리Antonio Negri가 발전시킨 '다중' 개념이 '노동계급' 개념보다 더 타당하다는 견해가 득세하고 있다.[1]

사람들이 고전적 마르크스주의 견해에 도전했던 것은 이번이 처음이 아니다. 이런 도전은 20세기에도 여러 번 있었다. 혁명 운동이 서유럽과 북미에서 나머지 지역으로 확산되자, 사람들은 노동계급이 인류의 '압도 다수'가 아니라 여전히 소수라는 명백한 현실에 직면했다. 그래서 러시아의 나로드니키라는 사회주의 경향은 노동자가 아니라 농민이[변혁의 주체]라는 신념을 가졌다. 또 다른 사회주의 경향인 멘셰비키는 러시아 혁명은 사회주의 혁명이 아님은 물론이고 프롤레타리아 혁명일 수도 없다고 단언했다. 반면에 레닌은 노동계급이 [러시아 혁명에서] 중심적이고 독립적인 구실을 하리라고 주장했다. 혁명으로 노동자 국가가 아니라 '민주주의 독재'가 수립될 것이라고 주장했던 1917년 이전에조차도 말이다. 트로츠키는 더 나아가 러시아 노동자들이 권력을 장악해야 한다고 주장했다. 비록 사회주의 혁명의 최종 성공 여부는 혁명이 선진국들로 확산되느냐에 달려 있겠지만 말이다. 1917년 [혁명] 과정에서 레닌은 사실상 이 주장을 받아들였다. 논쟁은 거기서 끝나지 않았다. 러시아 혁명의 여파로 이른바 제3세계 도처에서 혁명적 운동이 성장하자 논쟁은 다시 불거졌다. 스탈린이 장악한 코민테른은 1920년대 중반부터 식민지의 '민족 부르주아지'를 국제 혁명의 동맹 세력으로 여겼다. 그 후 1950년대와 1960년대에 중국과 쿠바에서 혁명이 성공하자, 국제적 좌파는 거의 대부분 농민이 혁명의 주역이라고 생각했다. 당시 잘나가는 사회학자들은 자동차 산업 같은 부문의 노동자들이 "부르주아가 됐다"[2]고 말했고 많은 좌파들은 이런 주장을 수용해서 자동차 산업 노동자들을 '노동귀족'[3]으로 여겼다. 1968년 프랑스의 5월 반란에서 노동자들이 핵심 구실을 한 뒤에야 이런 생각이 변하기 시작했다. 하지만 이때에도 서유럽·미국·캐나다·오스트레일리아·뉴질랜드·일본 외의 지역에서는 중국·쿠바·베트남의 사례를 결정적으로 중요하게 여겼다. 1960년대 말과 1970년대 초의 투쟁이 가라앉기 시작하자, 노동계급의 구실에 대한 의문이 다시 제기됐다. 프랑스 사회주의자 앙드레 고르즈André Gorz는 ≪노동계급이여, 안녕≫이라는 제목의 책에서 [당시] 득세하던 일부 좌파의 태도를 대변했다. 이탈리아에서 '자율주의' 사상가들은 안정된 일자리를 가진 노동자들을 특권층으로 묘사하며 이 노동자들을 '진정한' 프롤레타리아에서 제외했다. 한때 마르크스주의를 지지했던 학자들도 이제 성性과 인종이 계급보다 더 중요한 것은 아니더라도 마찬가지로 중요하다고 주장하기 시작했다. 그리고 이런 개념들은 점차 서로 모순된 '정체성'의 홍수에 휩쓸려갔다.

반자본주의 운동이 부상하자 수전 조지Susan George, 제임스 페트라스James Petras, 나오미 클라인Naomi Klein, 마이클 하트, 토니 네그리 등 다양한 사람들이 엄청나게 파편화한 '정체성 정치'에 도전했다. 그러나 누구도 노동계급을 무대 중심으로 올려놓지 않았다. [많은 사람들이] 사파티스타를 옹호하면서 농민과 선주민의 구실을 새롭게 강조했다. 대체로 사람들은 정체성 정치의 파편화를 극복하고자 파편들 사이의 동맹을 호소했지만 그런 파편들 가운데 어떤 것도 전략적 중심 구실을 할 수 없었다. 나오미 클라인은 《노 로고No Logo》에서 "마음대로 직장을 옮길 수 있는 노동자를 고용하는 공장이 마음대로 [세계를] 옮겨 다니는 체제"인 세계화의 확산으로 [다국적기업들이] "대규모 사용자라는 전통적 구실을 하지 못하게" 되자 노동계급은 완전히 취약해졌다고 썼다.[4] 하트와 네그리는 《제국》에서 새로운 주체agency나 '새로운 사회적 주체subject', 즉 '다중'이라는 개념을 이론화하려 했다.

과거에 프롤레타리아 계급은 집중돼 있었고 때로는 산업 노동계급에 사실상 포함됐다. 대공장 남성 노동자가 그들의 전형적 모습이었다. …… 오늘날 이런 노동계급은 거의 사라졌다. 존재하지 않는 것은 아니지만 자본주의 경제에서 차지하던 특권적 위치에서 밀려난 것이다.[5]

하트와 네그리에게 변화의 주체는 '다중'이다. 다중은 파편화된 정체성들의 새로운 무지개 연합 같은 것이다.

다중은 새로운 프롤레타리아이지 새로운 산업 노동계급이 아니다. …… 생산적 노동, 재생산 노동, 비생산적 노동의 차이를 구분하기가 훨씬 더 어려워졌다. 노동이 공장 담장을 넘어서면서 노동시간을 측정하는 것은 점차 허구가 돼 버렸고 따라서 생산

시간과 재생산 시간, 근무 시간과 여가 시간을 분간하기가 점차 어려워졌다. …… 프롤레타리아는 하루 종일 어디서나 모든 것을 생산한다. [6]

이런 다중을 조직할 때 핵심적 요구는 더는 노동시간이나 노동강도나 임금이 아니라 "사회적 임금과 만인의 소득 보장"이다. "다중 전체가 생산을 하고 그 생산물은 사회적 자본의 관점에서 필요한 것이기 때문에 사회적 임금은 가족을 넘어 다중 전체, 심지어 실업자에게도 지급돼야 한다."[7]

새로운 운동에서 등장한 온갖 종류의 저작에서 이와 비슷한 생각들을 찾아볼 수 있다. 예를 들어 아르헨티나 출신 철학자이자 작가인 레온 로시치트네르Leon Rozichtner는 부에노스아이레스 주민의회가 자본주의의 대안을 보여 준다고 생각한다.

전에 생산자본의 시대에는 마르크스처럼 피착취 계급의 급진적 대결 장소가 공장과 노동조합이라고 생각할 만하다. [그러나] 지금은 다양한 금융자본이 각국 정부와 모든 생산 기구와 그 기능을 전부 지배하고 있어서 착취가 일상생활의 모든 영역으로 확산됐다. 금융자본의 힘이 다양한 사회 관계로 침투해서 그 관계를 해체하고, 사람들을 분열시키고, 개인의 이익과 집단적 사회 권력을 대립시킨다. 공장은 저항하는 사회 권력이 탄생하는 유일한 장소가 아니게 됐다. 착취는 공장을 넘어 사회 전체로 확장된다. …… 산업 노동계급만으로는 이 극악무도한 사회 체제의 기능을 저지할 수 없다. 사회 내부에서 세계화에 맞서 싸우는 데 필요한 권력을 건설하고 있는 것은 사회 전체다.[8]

지난 25년 동안 자본주의에서 일어난 이런저런 변화를 보면 이런 견해가 옳은 것처럼 보이기도 한다. 국제적으로 생산의 구조가 변하면서 특정 산업은 위축됐고 다른 산업은 중심지가 이동했다.

그러나 [현실의] 결과는 하트와 네그리 등의 주장과 매우 달랐다. 국제적으로 노동계급은 줄어들기는커녕 계속 증가했다. 그리고 이렇게 성장한 노동계급과 다른 피억압 집단의 차이는 줄어들기보다 레닌과 트로츠키가 나로드니키에 맞서 격렬히 논쟁했을 때만큼 중요해졌다.

세계적 상황

나는 3년 전에 다음과 같이 썼다. "즉자적 계급으로서 노동계급은 전례 없이 많아서 …… 그 핵심은 대략 20억 명쯤 된다." 그 주변에 있는 사람들이 또 20억 명 남짓 되는데, "그들의 삶도 여러 측면에서 핵심부의 삶과 똑같은 논리에 종속돼 있다."[9] 디온 필머Deon Filmer가 세계의 노동인구를 자세히 연구한 결과를 보면 내 계산이 대체로 옳다는 점을 알 수 있다.[10] 필머는 1990년대 중엽에 비非가내노동에 종사하는 세계 인구가 24억 7400만 명이라고 계산했다. 이 수치 가운데 5분의 1인 3억 7900만 명은 공업 부문에 속하며,[11] 8억 명은 서비스업 부문에,[12] 10억 7400만 명은 농업 부문에 속했다.[13]

각 부문마다 다른 사람을 고용하는 사람들(대자본가와 프티부르주아지)도 있고, 자영업자도 있고, 남을 위해 임금(또는 봉급)을 받고 일하는 사람들도 있다.

농업 인구의 대부분은 조그마한 자기 소유지나 임대한 땅에서 농사짓는다. 전적으로 임금노동에 의존하는 농업 인구의 비율은 여전히 낮다. 필머는 [이 비율이] 대략 8퍼센트이고, "소득 수준이 낮은" 경제에서는 단지 3.6퍼센트뿐이라고 주장한다. 하지만 필머는 임금노동에 부분적으로만 의존하는 사람들의 수치는 제시하지 않는다. 그런데 우리는 이런 사람들이 중국(아래에서 살펴볼 것이다)과 남아시아에 매우 많다는 것을 알고 있다. 중국과 남아시아의 농민을 합치면 세계 농민의 절반 이상을 차지한다.

공업과 서비스업 부문의 다수는 임금이나 봉급을 받는다. 이런 사람들은 공업 인구 가운데 58퍼센트, 서비스업 인구 가운데 65퍼센트를 차지한다. 그러나 여전히 이 수치에는 자영업자나 가내노동family labour 종사자들도 아주 많이 포함된다.

필머는 전 세계 피고용인 수가 대략 8억 8000만 명이라고 결론내렸다. 반면에, 주로 자기 책임하에 농사짓는 사람들(압도 다수는 농민)이 10억 명, 공업과 서비스업의 자영업자가 4억 8000만 명이다.

"피고용인" 수치에는 노동자와 함께 비노동자 집단도 일부 포함된다. 여기에는 기업체에서 거액의 연봉을 받는 일부 부르주아지, 그리고 노동자 통제를 거드는 대가로 자신이 창출한 가치보다 더 많은 임금을 받는 신중간계급도 포함된다. 이런 집단은 인구의 10퍼센트 정도다.[14] 이 수치를 빼면 전 세계 피고용 노동계급의 규모는 7억 명 정도로 줄어들고, 이 가운데 3분의 1은 "공업"에, 나머지는 "서비스업"에 종사하고 있다.

그러나 노동계급 전체 규모는 이보다 훨씬 더 크다. 친인척의 임금노동에서 나오는 소득이나 과거의 임금노동에서 나오는 저축과 연금에 기대어 사는 사람들, 즉 취업하지 않은 배우자와 아이들과 퇴직한 노인들도 노동계급에 포함된다. 이런 사람들을 포함하면 전 세계의 노동계급은 15~20억 명이다. 노동계급에게 "안녕"이라고 말하는 사람들은 현실 세계에 살고 있지 않는 것이다.

계급의 동역학

필머의 연구는 끊임없이 변하는 것의 정지 이미지일 뿐이다. 지난 50년 동안 두 가지 밀접한 추세가 세계로 뻗어나갔다. 그 가운데 하나는 수많은 사람들이 농촌에서 도시로 대거 이주했다는 점이다.

도시 거주 인구 비율(단위 : 퍼센트)[15]

	1970년	1995년
세계 전체	37	45
모든 개발도상국	25	37
최빈국	13	23

통계를 보면 2015년에는 "개발도상국" 인구의 49퍼센트와 세계 인구의 55퍼센트가 도시에 거주할 것으로 예측된다. 다섯 명 가운데 한 명은 인구 75만 명 이상의 도시에 거주할 것으로 예측된다.[16]

흔히 농업국으로 분류되는 나라에서조차 도시 인구가 다수다. [각국의 전체 인구 가운데] 브라질에서는 78퍼센트, 멕시코에서는 73퍼센트, 에콰도르에서는 59퍼센트, 알제리에서는 56퍼센트가 도시 인구다. 현재는 이집트에서 45퍼센트, 중국에서 30퍼센트, 파키스탄에서 34퍼센트, 인도에서 27퍼센트가 도시 인구지만 이는 얼마든지 더 늘어날 수 있다.[17]

도시화가 확산되면 시장에 의존해 먹고사는 경향이 커질 수밖에 없다. 소농들은 의식주를 자급자족으로 해결할 수도 있다. 하지만 도시 거주자들은 그러지 못한다. 도시 거주자들은 아무리 하찮은 것이라도 뭔가를, 즉 자신의 노동력이나 자신의 노동 생산물을 팔지 않으면 굶주리기 마련이다. 게다가 최근 몇십 년 동

안에는 농촌에서조차 시장에서 판매할 상품의 생산이 더욱 중요
해졌다. 흔히 수공업이나 원시적 공업이 농업을 보완했다. "한
조사 결과를 보면 최근 통계를 입수할 수 있는 개발도상국 15개
국에서 농촌의 비농업 노동인구는 30~40퍼센트였는데, 그 비율
은 증가하고 있다."[18]

이런 경향은 중국에서 두드러진다. 중국에서는 매년 1억 명이
넘는 농민 출신자들이 도시에서 임시직이라도 찾으려고 한다.

1980년 이후 중국 농민들은 …… 비농업 부문에서 일을 해서 소
득을 늘리려 애를 썼다. 그래서 향진기업과 가족기업에서 일하
거나 일자리를 찾아 도시로 이주했다. …… 1990년대에 각 현 내
부의 이주를 제외하면 전국에서 농촌 노동자의 15~25퍼센트가 6
개월이나 그 이상 [일하려고 임시로] 도시로 이주했다. 그들 가운
데 50퍼센트는 23세 이하였다. …… 전국적으로 농촌 가계의 총
소득에서 비농업 소득의 비율은 1980년 10퍼센트에서 1985년 25
퍼센트로 증가했고, 1995년에는 35퍼센트까지 올라갔다.[19]

농민 가정의 많은 사람들이 임금노동직에 종사하게 될 것이
다. "두 개의 배"에 올라탄다는 중국 속담이 있다. 사회적·경제
적 처지를 개선하려고 두 가지 일을 하는 경우를 일컫는 말이다.
…… 더 젊은 세대에게는 비농업 일자리를 얻어서 농민의 운명에

서 벗어나고 농촌의 빈곤에서 벗어나는 일이 중요해졌다.[20]

이집트 농민 가정의 소득에서 농업 소득이 50퍼센트이고 '농촌 밖에서 얻은 임금'이 25퍼센트다.[21]

'반≠노동자'인 이런 '농민공'의 수를 오로지 임금노동에만 의존하는 사람들의 수에 추가하면 노동자의 비율은 전 세계 인구의 40~50퍼센트가 된다. 다시 말해 15~20억 명의 핵심적 프롤레타리아 주변에 그와 비슷한 규모의 반≠프롤레타리아가 있는 것이다.

탈산업화 신화

노동계급이 사라졌다는 주장은 대체로 옛 공업 노동계급에게 일어난 일, 적어도 선진 경제에서 일어난 일에 관한 피상적 인상에 바탕을 두고 있다. 이처럼 "탈산업화"라거나 "포스트 산업사회"라거나 "무게 없는 경제"* 따위의 말이 무성하다.

잇따른 경제 위기로 산업이 구조조정되면서 어디서나 산업 현장의 오랜 핵심 특징들이 사라졌다는 것은 분명하다. 그와 동시에, 고용 불안정이 증가하고 시간제 · 임시직 · 단기계약직의 비율이 증가했다. 하지만 그렇다고 해서 노동계급이 사라졌다는 주장이 정당화되지는 않는다.

예를 들어, 세계에서 가장 큰 경제인 미국의 공업 노동자 수를

---

* 정보통신 산업 따위의 이른바 지식 경제를 말한다.

살펴보자. 1980년대 말에 자동차 생산과 컴퓨터 부문처럼 미국이 선점하던 산업들이 [다른 나라 기업들의] 도전을 받게 되자 미국의 "탈산업화"에 대한 우려가 매우 커졌다. 그러나 1998년에 미국의 공업 노동자는 1971년보다 거의 20퍼센트 정도 많았다. 1950년과 비교하면 대략 50퍼센트 많고 1900년과 비교하면 3.5배 수준이다.

미국의 공업 노동자[22]

1900년	8,760,000
1950년	20,698,000
1971년	26,092,000
1998년	31,071,000

오늘날 미국의 제조업 일자리 수는 사상 유례 없이 많다. '옛' 공업들은 결코 사라지거나 해외로 이전하지 않았다. 발도즈Baldoz, 코버Koeber, 크라프트Kraft가 말한 것처럼 "지금 자동차와 버스와 그 부품 제조에 종사하는 미국인들은 베트남 전쟁 후 어느 때보다 많다."[23]

이런 사실은 하트와 네그리가 "미국 · 영국 · 캐나다가 주도하는 …… 서비스 경제 모델"로 가는 추세라고 묘사한 것과는 아주 다른 그림이다. 하트와 네그리는 이렇게도 말했다. "서비스 경제

모델에서는 공업에서 일자리가 급격하게 줄어드는 만큼 서비스업 부문에서 일자리가 늘어난다.”[24]

일본의 수치를 보면 더욱 놀랍다. 공업에 종사하는 노동인구는 1950년과 1971년 사이에 갑절로 늘어났고 1998년에는 이보다 13퍼센트가 더 많아졌다.

지난 30여 년 동안 많은 나라에서 공업 고용은 가파르게 감소했다. 영국·벨기에에서는 3분의 1, 프랑스에서는 4분의 1 이상 줄어들었다. 그러나 이런 사실을 보면 선진 공업국 전체가 탈산업화한 것이 아니라, 오히려 선진국 내부의 공업이 구조조정을 겪었음을 알 수 있다. 1998년에 선진국 전체의 공업 일자리 수는 대략 1억 1200만 개였다. 이는 1951년보다 2500만 개 더 많고, 1971년보다는 740만 개 줄어든 수치다. 세계 차원의 실제 상황을 보지 않고 영국이나 프랑스의 상황을 세계에 투영하는 것은 매우 위험하다. 토니 네그리가 사는 이탈리아는 미국이나 일본과 같은 부류가 아닐 수 있지만 공업 노동자들이 사라지지 않았다는 것은 확실하다. 4년 전에 이탈리아 공업 노동자들은 650만 명이었는데 이 수치는 1971년 이후 겨우 6분의 1 줄어든 수치다.[25]

공업과 서비스업

공업 고용에 관한 이런 수치들은 공업 전반, 특히 제조업의 경제적 중요성을 과소평가한다는 사실을 명심해야 한다. 봅 로손Bob

Rowthorn이 옳게 지적했듯이, "현대 사회에서 상상할 수 있는 경제 활동은 거의 다 제조업 제품을 이용한다. …… 확장 중인 서비스업은 대부분 아주 많은 설비를 사용한다."[26]

전체 공업 노동인구가 약간 감소한 것은 공업이 덜 중요해져서가 아니라, 공업의 노동 생산성이 "서비스업"보다 더 빠르게 증가했기 때문이다. 30년 전보다 조금 더 적은 제조업 노동자들이 [그때보다] 훨씬 더 많은 상품을 생산한다. 경제에서 제조업 노동자들의 전반적 중요성은 변하지 않았다. 1973년과 1990년 사이에 OECD 선진국들의 공업 산출은 해마다 2.5퍼센트씩 증가했는데, 이는 서비스업 산출 증가율 3.1퍼센트보다 조금 낮은 수준이다. 그러나 공업의 생산성은 해마다 2.8퍼센트씩 증가한 반면, 서비스업의 생산성은 겨우 0.8퍼센트씩 증가했다.[27] 공업 노동자들은 1970년대 초와 마찬가지로 오늘날의 자본주의 경제에도 중요하다. 하트와 네그리처럼 공업 노동자들의 중요성이 줄어들고 있다고 주장하는 글립Glib의 말도 틀렸다.

그러나 이것이 전부는 아니다. "공업"과 "서비스업"의 차이는 보통 알려진 것보다 더 모호하다.

"서비스업"에는 자본주의 생산에 본질적으로 중요하지 않은 것들도 포함된다(예를 들어 기생충 같은 자본가들의 시중을 들면서 유흥을 제공하는 것 따위). 그러나 "서비스업"에는 (상품 운반이나 컴퓨터 소프트웨어 보급처럼) 생산에 절대적으로 중요한 것도 포함된다. 게다가 "공업"에서 "서비스 부문"으로 바뀐 것 가운데 일부는 근본적으로는 비슷한 일인데도 이름만 약간 바꾼 것에 불과한 경우도 있다. 30년 전에 신문사의 식자기 앞에서 일하던 사람들은(대체로 남성) 특별한 종류의 공업 노동자로("인쇄 노동자"로) 분류됐을 것이다. 오늘날 신문사에서 워드프로세서로 일하는 사람들은(대체로 여성) "서비스 노동자"로 분류될 것이다. 그러나 그들이 하는 일은 근본적으로 같고 최종 생산물도 거의 비슷하다. 사람들이 집에서 데워 먹을 수 있도록 캔에 음식을 넣는 일을 하는 노동자들은 "제조업 노동자"다. 음식을 집에서 데워 먹을 시간이 없는 사람들에게 거의 똑같은 음식을 패스트푸드점에서 제공하는 노동자들은 "서비스업 노동자"다. 금속 조각을 가공해서 컴퓨터를 만드는 사람들은 "제조업 노동자"다. 컴퓨터를 실행시키는 소프트웨어를 만들려고 키보드를 두들기는 사람들은 "서비스업 노동자"다.

최근 몇 년 동안 "사내에서" 하던 업무를 "외주화"하는 추세가 있었다. 예를 들어 급식과 경비 업무다. 그 결과 전에는 "공업"에 포함되던 일자리가 지금은 서비스업으로 분류된다. 영국 금속산업사용자연맹은 다음과 같이 지적한다.

제조업은 시설관리·급식·법무 등의 영역을 외주화해서 대규모 서비스 산업을 창출한다. ······ 사람들은 흔히 제조업이 전체

경제에서 차지하는 비율이 20퍼센트라고 생각하지만 적절한 분류법을 사용해 측정하면 무려 35퍼센트에 이를 수 있다.[28]

로손은 OECD의 "서비스업" 전체를 통계적으로 분류했다. 그가 분류한 결과를 보면 재화 관련 서비스가 1970년에는 전체 고용의 25퍼센트를 차지했고 1990년에는 32퍼센트를 차지했다. "재화나 재화 관련 서비스 전체"가 전체 고용에서 차지하는 비율은 76퍼센트에서 69퍼센트로 소폭 하락했다.[29] 그러나 노동의 세계에서 이것은 혁명적 변화가 결코 아니다. 1990년에 로손은 "[재화와 관련 없는] 독립 서비스"가 전체 고용에서 겨우 31퍼센트를 차지한다고 지적하면서[30] "모두가 포스트 산업 경제를 운운하지만, 전형적인 선진 경제에서 재화 관련 생산이 여전히 전체 고용의 3분의 2를 직접·간접으로 담당한다"고 결론지었다.[31]

비시장 서비스 부문의 성격

그러나 로손이 조사한 통계 수치마저도 노동계급(이들의 노동이 자본 축적의 핵심이다)의 규모를 상당히 과소평가한다. 로손이 "독립 서비스"라고 부르는 부문의 상당수가 현대 세계에서 자본 축적의 핵심 구실을 한다. 특히 의료와 교육 서비스는 오늘날의 자본주의 축적에 절대로 필요한 요소다.

현대 자본주의 국가에서 의료 체계의 핵심은 노동자들을 일하기에 적당한 상태가 되도록 하는 데에 있다. 의료 체계의 핵심은 다음 세대 노동자들을 일하기에 적당한 상태가 되게 해서, 현재 세대의 노동자들이 질병 때문에 일시적으로 노동시장에서 제외 됐을 때 다음 세대가 대신할 수 있게 하는 데에 있다. 국가가 의료 서비스를 제공하고 그래서 의료 서비스가 상품이 아닌 곳에서조차 의료 서비스는 자본주의 생산에 없어서는 안 되는 부속물이다.

이 점은 교육 서비스의 경우에 훨씬 진실이다. 교육 서비스는 19세기에 늘어났다. 19세기에 자본주의는 노동자들의 생산성을 높이려면 어느 정도 기본적인 수준의 문자 해독과 산수 능력(규율 은 말할 것도 없고)을 갖추도록 교육해야 한다는 것을 깨달았다. 자 본주의가 요구하는 평균 기술 수준이 높아지자 학교 교육 기간이 늘어나는 등 교육 서비스는 20세기 내내 확장됐다. 거의 모든 나 라에서는 국가가 교육 체계의 핵심 부문을 계속 관리하고 있다. 국공립 교육기관에서는 교육이 상품은 아니지만 그럼에도 [자본 주의] 생산에 필수불가결하다. 교육 노동자들은 자본 축적을 위해 일한다. 그들이 판매하기 위한 상품을 전혀 생산하지 않을 때조 차 그렇다.[32]

교육과 자본 축적의 밀접한 관계는 정부가 "현대화"를 모토로 교육 "개혁" 계획을 수립할 때마다 분명히 드러난다. 정부는 교 육("훈련")이 산업을 위한 투자라는 견해를 숨기지 않는다. 교육 은 산업의 구조조정에 따라 자본이 요구하는 노동 능력의 변화에

걸맞게 평균 수준의 산수, 문자 해독 능력, IT기술을 보유한 "유연한" 노동력을 대거 창출하는 것이다.

교육의 확장은 "옛" 공업 부분의 노동생산성 향상과 관계 있다. 물론 노동생산성 향상은 부분적으로는 각각의 노동자에게 더 많은 노동량이 강요된 결과다. 그러나 노동자들이 변화에 적응할 수 있도록 충분히 "훈련"받은 결과이기도 하다. 그래서 영국 노동자들에 대한 최근의 조사 결과를 보면, 남성의 37퍼센트와 여성의 25퍼센트가 "자신의 업무 분야에서 최신의 또는 복잡한 정보 기술 능력"이 필요하다고 답했다. 한편, 공장에서 기계를 조작하는 노동자의 51퍼센트가 작업할 때 IT기술을 사용한다고 답했다.[33] 자본가계급은 교육 부문이 성장하지 않으면 "다양하고 적절한" 기술을 가진 노동인구를 확보할 수 없다.[34] 교육이 확대되면 상품을 직접 생산하는 노동자들의 생산성이 급격히 향상돼서 그들의 수가 줄어들게 된다. 마치 영국과 프랑스처럼 말이다(미국은 아니다). 그러나 부분적으로 생산성 증가는 상품 생산 노동자들의 생산성을 향상시키는 노동을 하는 사람들, 즉 "간접 생산" 노동자들의 수가 증가하는 것에 달려 있다.

의료와 교육 서비스 분야에 고용된 사람의 수가 지난 세기 동안에 꾸준히 증가했다. 이것은 자본주의의 전반적 확장의 일부였다. 오늘날 미국에서 이런 노동자는 1000만 명이 넘는다(13명 가운데 1명꼴이다). 미국 자본주의는 그들 없이는 작동하지 못한다. 그러나 자본가계급은 또한 그들을 고용하기 위해 지급해야 할 최소한의 것 이상을 지급하려 하지 않는다. 그 결과, 장기적으로 보면 의료와 교육에 종사하는 노동자들이 공업 노동자나 틀에 박힌 사무직 노동자와 비슷한 조건에서 일을 할 수밖에 없는 경향이 나타난다. 의료와 교육 서비스 노동자에게는 예외라고 여겨졌던 "옛" 공업의 다양한 노동 측정 시스템, 즉 성과급, 근무 평가 제도, 근무시간 관리 강화, 근무 규율 강화 등이 이제는 그들에게도 강요되고 있다. 2000년에 영국에서는 8년 전과 비교해 6퍼센트 많은 노동자들이 공식적인 감독과 평가를 받았다. 모종의 성과급에 따라 개별적으로 급여를 받은 노동자들도 5퍼센트 정도 늘었다.[35]

그렇다고 의료와 교육에서 종사하는 노동자들이 죄다 예외 없이 "프롤레타리아화"했다는 말은 아니다. 병원·학교·대학은 모두 위계 서열을 따라 조직돼 있다. 고위급들이 받는 급여는 그들을 체제에 충성하도록 만든다. 그래서 그들은 소속 기관에서 하급자와 노동계급 고객들을 통제하는 데 이용된다. 그들은 '신 중간계급'의 일부다(심지어 명문 대학교의 고위직들은 지배계급의 일부이기도 하다).[36] 그러나 노동자들은 대부분 노동시장에서 결정된 급여 수준을 위해 자본주의의 속도에 맞춰 일하라는 압력에 끊임없이 시달린다. 바로 이런 사실 때문에 그들도 세계 노동계급의 일부다. 여전히 많은 사람들이 스스로 육체 노동자보다는 우월하다고 생각하지만 말이다.

사실, 서로 관련 있는 두 가지 과정이 모든 "선진" 경제(와 "선진적이지 않은" 많은 경제)에서 나타난다. 자본이 이윤을 더 많이 얻으려고 육체 노동자들의 직접 노동을 더욱 쥐어짜기 때문에 전통적인 육체 노동자들은 점점 더 강한 압력에 시달린다. 그와 동시에, 자본이 성장하는 "간접" 노동자 대중에게 돌아갈 대가를 줄이기 때문에, "재화를 생산하지 않는 서비스" 부문에 종사하는 새로운 노동자들은 프롤레타리아화할 수밖에 없다.

서비스 노동의 성격

"서비스업" 노동자는 보수도 괜찮고, 자신의 노동환경을 스스로 통제할 수 있고, 결코 손을 더럽힐 일도 없는 사람들이라는 착각이 널리 퍼져 있다. 그래서 〈가디언〉 칼럼니스트(이며 전 사회민주당 당원인) 폴리 토인비는 이렇게 썼다. "사회 계급의 급격한 변화는 사상 유례 없는 것이다. 1977년에 노동계급 대중의 3분의 2를 차지하던 육체 노동자가 3분의 1로 줄어든 반면, 나머지 70퍼센트는 집을 소유한 화이트칼라 중간계급으로 상승했다."[37] 하트와 네그리도 다음과 같이 주장한다.

거의 모든 직업은 유연한 기술을 사용하며 매우 유동적이다. 더 중요한 점은 이런 직업들의 특징이 지식, 정보, 감정, 의사소통에서 대체로 핵심 구실을 한다는 것이다. 이런 의미에서 많은 사람

들이 탈산업 경제를 정보 경제라고 부른다. …… 탈근대화 과정
에서 모든 생산은 서비스 생산화·정보화하는 경향이 있다.[38]

그러나 사실 "서비스업" 고용 통계를 적절히 분석한 자료들을
보면 현실은 매우 다름을 알 수 있다. 가장 중요한 "서비스 산업"
의 일부 부문에 고용된 노동자들은 압도적으로 "전통적"인 "육
체 노동자들"이다. 환경미화원, 병원에서 청소나 식당일을 하는
노동자, 부두(항운) 노동자, 화물차 운전자, 버스 노동자, 철도 노
동자, 우체국 노동자들은 모두 "서비스업" 직종으로 분류되며 이
들이 서비스업에서 매우 큰 부분을 차지한다. 2001년 9월의 통계
를 보면 "유통업, 호텔, 레스토랑"에는 일자리 670만 개가 있고
"운수·통신"에는 일자리 179만 개가 있었다.[39]

영국에서 육체 노동자의 비율은 사실 3분의 1보다 훨씬 크다.
2000년에 영국 통계청이 발표한 "2000년 영국 생활 동향"을 보면
1998년에 남성의 51퍼센트와 여성의 38퍼센트가 여러 "육체 노
동" 직종에 종사하고 있었다.[40] 이 통계 수치에는 육체 노동자의
수를 약간 과장했는데, "숙련직 육체 노동"의 범주에 "작업반장"
이나 "비전문직 자영업자"도 포함되기 때문이다. 이들을 제외하
면 남성 육체 노동자는 51퍼센트에 미치지 못한다. 그래도 엄청
나게 많은 여성(50퍼센트)이 "중하위급 비육체 노동"에 종사한다.
그들의 임금은 대다수 육체 노동 직종보다 대체로 낮고 노동조건

은 흔히 더 열악하거나 비슷하다. 한 연구를 보면 사무직 노동자들의 처지가 모든 육체 노동자들보다 우월하다고 여겨지던 상황이 얼마나 많이 변했는지 알 수 있다. "1978년에 처음으로 반半숙련 남성 노동자의 평균 소득이 사무직 노동자의 수준과 비슷해졌다. 게다가 육체 노동자들이 전통적으로 더 나았던 사무직의 노동조건을 대부분 획득했다."[41]

2001년 미국의 서비스 관련 직종에는 모두 1억 300만 명이 종사하고 있는데, 여기에는 분명히 육체 노동으로 분류해야 할 틀에 박힌 "서비스직" 노동자 1800만 명도 포함된다(그중 거의 100만 명이 "가사 서비스"에, 240만 명이 "보호 서비스"에, 600만 명이 "음식 서비스"에, 300만 명이 "청소와 시설관리 서비스"에, 300만 명이 "개인 서비스"에 종사했다). 그리고 1800만 명이 보통의 사무직이었고 675만 명은 판매 보조원이었다.

화이트칼라 노동자의 대다수는 사실 노동계급 가정 출신의 여성이다. 영국에서 사무직 노동자의 3분의 1은 육체 노동계급 출신이고 또 다른 3분의 1은 사무직 노동자 가정 출신이며 나머지 3분의 1만이 이른바 "전문·관리직 서비스 계급" 출신이다.[42] 그들의 할머니 세대는 대부분 결혼 후 집에서 다음 세대 노동계급을 길러야 했던 반면, 오늘날의 여성 노동자들은 성인이 되면 평생을 일하면서 보내야 한다. 고된 임금노동을 하면서도 육아와 가사의 짐까지 짊어져야 하는 등 임금노동의 엄청나게 큰 부분이 여성화하고 있는 것이다. 이것은 "부르주아화"나 "정보화"와는 확연히 다른 것이다.

미국에는 육체 노동 직종이나 틀에 박힌 화이트칼라 직종에서 일하는 "서비스 부문 노동자들"이 모두 합쳐 4200만 명 이상 있다. 게다가 이들은 저임금 일자리가 엄청나게 "창출"되면서 최근 가장 빠르게 확대되고 있는 직종이다. 또한, 다른 직종의 많은 노동자들도 이들과 별로 다르지 않은 일을 하고 있다. 예를 들어, 320만 명의 "영업사원"과 430만 명의 "연구원과 그 보조원"들이 그렇다. "의료 검사와 치료" 직종에서 일하는 사람들(83퍼센트가 여성인데, 이들보다 상위인 "건강 진단" 직종의 75퍼센트가 남성이다)과 530만 명의 교사(75퍼센트가 여성)도 마찬가지일 것이다.[43]

이런 사람들을 모두 합치면 전체 "서비스 부문"의 절반이 훨씬 넘는다. 여기에 전통적 육체 산업에서 일하는 노동자 3300만 명을 더하면 미국 노동자의 약 4분의 3이 된다. 만약 하트나 네그리처럼 "노동계급"이 "시야에서 사라졌다"고 말한다면 그것은 그들이 엉뚱한 곳을 봤기 때문이다.

오히려 흔히 전통적 노동을 대체한다고 알려진 직종은 매우 적다. 2001년 미국의 수학자와 컴퓨터 과학자는 겨우 210만 명밖에 안 됐다. 이 숫자로는 육체 노동이 주변화됐다는 이른바 "정보" 경제라고 말하기 힘들다. 구식의 육체 노동자와 틀에 박힌 화이트칼라 노동자들도 기존의 업무에 더해 기본적인 IT 기술을 사용할 수 있어야 한다. 그러나 IT 기술을 전문적으로 사용하는 노동자는 비교적 적다. 영국에서 인터넷 붐이 절정에 달했던 2000년의 상황은 다음과 같았다.

2000년 봄에는 85만 5000명이 IT 관련 직종에서 일했는데, 이는 겨우 5년 만에 45퍼센트가 증가한 수치다. IT 산업에 고용된 사람들의 비율이 가장 높은 지역은 런던이었는데, 그 비율은 4.8퍼센트였다. 그 다음은 4.4퍼센트인 사우스이스트다. 이 두 지역을 합치면 영국 IT 산업 종사자의 41퍼센트를 차지했다. …… 북아일랜드, 웨일스, 노스이스트는 각각 1.3퍼센트, 1.6퍼센트, 1.9퍼센트로 IT 산업에서 일하는 사람들의 비율이 낮다.[44]

봉급을 받는 사람들이 모두 노동자인 것은 아니다. 봉급을 받지만 경영진을 도와 다른 노동자들을 통제하는 대가로 봉급을 받고 그것도 자신이 창출한 가치보다 훨씬 더 많이 받는 '신중간계급'도 있다. 그러나 이 집단은 전체 노동인구에서 차지하는 비율이 비교적 낮다. 나는 15년 전에 다음과 같이 계산했다.

31세~75세 남성에서 이 집단은 겨우 9.7퍼센트밖에 안 된다. 이 수치는 소득·자격·관리 권한을 기준으로 "신중간계급"의 규모를 대충 계산한 결과와 맞아떨어지는 듯하다. 이 정도면 전체

인구에서 차지하는 비율뿐 아니라 화이트칼라 노동자 사이에서 차지하는 비율도 상당하다고 할 수 있다. 그러나 규모나 중요성 면에서 전통적 육체 노동계급에는 한참 못 미친다.[45]

영국과 미국의 최근 통계는 그런 분석이 여전히 타당하다는 것을 보여 준다.

유연화와 노동계급

노동계급이 사라지고 있다는 주장의 핵심 근거는 일자리들이 너무 불안정해서 기존의 상시적인 노동계급 조직과 주거지역이 거의 남아 있지 않다는 것이다. 이런 주장은 지난 15년 동안 "포스트마르크스주의"의 지속적인 특징이었는데, 사회민주주의자들의 "제3의 길"도 그렇고, 자율주의의 주장도 그렇다.

지금 우리는 30년도 안 되는 기간에 세계 경제 위기를 네 번째 겪고 있다. 위기가 닥쳤을 때마다 실업이 갑자기 늘어났고(어떤 경우에는 지속적이었다), 기존의 생산 중심지(공장 · 항만 · 광산 등)가 사라졌다. 또, 산업의 구조조정은 일국적 수준에서뿐 아니라 지역 · 세계 수준에서도 매우 빠르게 진행됐다.[46] 자본과 그 옹호자들은 실업의 증가와 노동자들의 불안감을 이용해 끊임없이 변하는 자신들의 필요에 맞춰 노동자들의 삶을 바꾸려고 했다. 그들은 노동시간 · 노동수단 · 노동시장의 "유연화"를 주장했다. 그들의 구호 가운데 하나가 "종신고용제는 과거지사가 됐다"는 것이다. 이런 주장을 의심의 여지 없는 진실로 만들고자 많은 학자들이 연구를 진행했다. '생활과 노동조건 개선을 위한 유럽재단'의 이사인 레이몽 피에르 보댕Raymond-Pierre Bodin은 다음과 같이 썼다.

> 오늘날 서유럽 경제에서 예외적 노동 형태가 발전하고 있다는 주장은 상식이 됐다. …… 노동시장을 조직하고 그것을 사회생활로 통합하는 주된 방식이었던, 종신고용 계약으로 대표되는 포드식 고용 표준이 붕괴하고 있음을 분명히 보여 주는 일자리는 부지기수다. …… 유연성이라는 용어도 이 영역에서 발생하는 변화와 상응하는 듯하다.[47]

그러나 그렇다고 해서 자본이 실제로 이런 유연성에 맞선 노동자의 저항을 분쇄할 수 있게 됐다거나, 심지어 특정 작업장에서 상대적인 종신고용 노동자를 끊임없이 재생산하지 않고도 자본축적을 지속할 수 있게 됐다는 말은 아니다. 영국에 관한 최신 연구를 보면 이 점을 알 수 있다.

오늘날의 노동 세계에 대한 많은 통념들을 진지하게 의심해 봐야 한다. 노동시장의 유연성과 역동성에 대해 우리가 매일 듣는 너무 친숙한 미사여구와 과장은 작업장의 현실과 사뭇 다르다.

“종신고용의 종말”을 뜻하는 “새로운” 고용 관계가 등장하고 있다는 주장은 현실에 비춰 보면 설득력이 떨어진다.[48]

사람들은 흔히 자본이 “유연한 노동시장”에서 성취할 수 있는 것의 한계를 간과하는데, 시간제·임시직·단기계약직·특수고용직 등 꽤 상이한 고용 형태를 뭉뚱그려 다루기 때문이다. 그러나 영국 여성들이 흔히 그렇듯이 시간제 고용은 상시 고용이 되기도 한다. 이와 비슷하게, 단기계약 노동자들도 고용계약이 매달·매년 갱신될 수 있다. 그들은 장기적 권리가 없어서 위기가 닥치면 맨 먼저 해고되지만 고용 상태와 실업 상태를 수시로 반복하는 것은 아니다. 마지막으로, 진정한 임시직 노동자들은 생산에 없어서는 안 되는 존재이고, 장기적으로 그러나 간헐적으로 임시직을 공급하는 업체들 자체가 다른 기업들에 공급할 노동자들을 상시적으로 유지해야 하는 대기업들이다.

최근 몇십 년 동안 이런 고용 형태는 산업별로, 국가별로 정도 차이는 있지만 꾸준히 증가했다. 그리고 특정 지역이나 나라에서는 꽤 증가했다. 1992년에 스페인 노동자의 35퍼센트는 “불안정 고용” 상태에 있었고 영국과 프랑스에서는 16퍼센트가, 독일에서는 단지 12퍼센트가 그랬다. 유럽의 호텔과 식당에서는 불안정 고용이 72퍼센트를 차지한 반면, 운수·통신 산업에서는 겨우 13퍼센트가, “금융 중개업”에서는 겨우 11퍼센트가 불안정 고용이었다.[49] 그리고 불안정 고용은 주로 청년 노동자에게 집중돼 있었다. 임시직이나 기간제 노동자 가운데 3분의 1이 25세 이하이고 3분의 2가 35세 이하다.[50]

전반적 추세는 통념과 상당히 다르다. 1990년대 후반 유럽에서는 자영업이나 "불안정 고용"의 비율이 증가하지 않았다.

2000년에 유럽 전체 노동인구는 1억 5900만 명인데, 이 중 83퍼센트는 피고용인이고 17퍼센트는 자영업자였다. 1995년의 전체 노동인구는 1억 4700만 명이었는데, 피고용인과 자영업자의 비율은 2000년과 동일했다.[51]

"불안정 노동"을 살펴보면,

1990년대 전반기에 이런 [불안정] 고용 형태가 대체로 증가했지만 1995년과 2000년 사이에 종신 고용과 비종신 고용의 상대적 비율은 거의 변하지 않았다. 종신 고용이 82퍼센트, 비종신 고용이 18퍼센트였다.[52]

서유럽을 통틀어 "지난 5년 동안 일자리 다섯 개 가운데 하나가 불안정해졌다."[53] 그러나 다섯 개 가운데 네 개는 여전히 "종신"고용직이다.

최신 조사 결과를 보면, 1990년대 말에 영국의 경기가 회복되자 불안정 고용도 하락했다. "2000년에 노동자의 92퍼센트가 종신 고용이었던 반면, 8년 전에는 88퍼센트였다. …… 2000년에 1년 미만의 임시 계약직 노동자는 단지 5.5퍼센트뿐이었던 반면, 1992년에는 7.2퍼센트였다.[54] 사람들이 한 직장에서 일하는 기간이 아주 많이 바뀌지는 않았다. 2000년에 한 직장에서 일하는 기간이 석 달 미만인 노동자의 비율은 5퍼센트였는데, 이는 1986년의 수치와 같다. 그리고 1년 미만인 노동자의 비율은 20퍼센트였는데, 1986년에는 18퍼센트였다. 정반대로, 2000년에 한 직장에서 일하는 기간이 10년 이상인 노동자의 비율은 31퍼센트였는데, 1986년에는 29퍼센트였다. 정말로 커다란 변화는 한 직장에서 일하는 기간이 2년 이상 5년 미만인 노동자의 비율이 1996년과 2000년 사이에 21퍼센트에서 15퍼센트로 떨어졌다는 것뿐이다.[55]

종종 자본주의 옹호자들이 주장하는 것과 달리 이런 수치가 사람들의 불안감이 근거 없다는 것을 증명해 주지는 않는다. 노동자들은 전혀 다른 두 가지 이유로 직업을 자주 바꾸기도 한다. 노동 수요가 증가하는 시기에 다른 직업을 선택해서 자신의 지위를 높이고자 [자발적으로], 또는 사용자가 인력을 감축해서 어쩔 수 없이 직업을 바꾸게 된다. 예를 들어 1990년에서 1994년까지 영국 경제가 침체에 빠졌을 때 자발적으로 일자리를 포기하려 한 사람들은 거의 없었다. 왜냐하면 전반적으로 고용의 안정성이 전보다 낮아졌기 때문이다. 그리고 "좀 더 안정됐던" 2000년에는 미숙련·반半숙련 육체 노동자의 27퍼센트 가량이 취업 기간 1년 미만이었는데, 이는 제조업에서 경기 침체가 시작된 반면 서비스업은 여전히 호황을 누리고 있었던 사실을 반영한다.

하지만 이 수치들을 보면 "1975년 이래로 평균 고용 기간은 비교적 안정적이었음"을 알 수 있다.[56] 노동계급이 "유연화돼서" 사라졌다는 생각은 완전히 틀렸다. 사람들은 대부분 계속 같은 직장에서 일하며 같은 사용자에게 꽤 긴 시간 동안 착취당한다. 마찬가지로 노동자들에게는 동료와 함께 착취에 맞서 싸울 시간과 기회가 있다.

즉각적 이전이라는 신화

"종신" 노동이 과거지사라는 주장은 흔히 사용자가 생산을, 즉 일자리를 필요하면 언제든지 옮길 수 있다는 주장과 연결돼 있다.

하트와 네그리는 다음과 같이 썼다.

생산이 정보화하고 비물질 생산이 중요해지면서, 자본이 지리적 제약에서 벗어나는 경향이 있고 생산 현장을 국제 네트워크의 다른 곳으로 옮겨 국내 노동자와의 협상을 중단할 수 있게 된다. …… 그래서 한때는 일정한 안정성과 협상력을 누리던 노동인구가 모두 점점 불안정 고용 상황에 놓이게 된다.[57]

하트와 네그리는 자본의 이동성과 기업의 이전 가능성을 과장한다.

내가 다른 논문에서 설명했듯이[58] 화폐자본(즉 금융)은 컴퓨터 키보드를 누르기만 해도 한 곳에서 다른 곳으로 쉽게 이동할 수 있다(비록 단호한 정부는 자본의 이동을 방해할 수 있지만 말이다). 그러나 생산자본은 그렇게 하기가 훨씬 더 어렵다. [생산자본을 이전하려면] 실제 설비들을 해체해서 다시 설치해야 한다. 운송도 상품 생산에 따라 재배치해야 하고 필수 기술을 보유한 믿음직한 노동 인력도 확보해야 한다. 생산자본의 이동은 대체로 비용이 많이 들고 몇 년씩 걸리는 과정이다. 게다가 물질 생산에서는 시장으로의 상품 운송이 관건이고, 따라서 시장 접근성이 좋아야 한다.

그래서 지난 30여 년 동안 진행된 산업 구조조정은 대부분 이미 산업화한 지역에서 일어났다. 로손은 다음과 같이 설명한다.

선진 세계는 지금 대체로 북미, 서유럽, 일본의 세 블록으로 나뉘어 있다. 이 블록들의 첨단 제품 생산은 대체로 [각 블록 내에서 생산되고 소비된다는 의미에서] 자급자족적이다.[59]

1992년에 일본에서 수입한 공산품이 서유럽 GDP에서 차지하는 비율은 겨우 0.74퍼센트였고 미국 GDP에서 차지하는 비율은 1.5퍼센트였다. 마찬가지로, 서유럽에서 수입한 공산품이 미국

GDP에서 차지하는 비율은 1.2퍼센트였다. 당시 중국과 중동을 포함한 아시아 전체에서 수입한 공산품이 일본 GDP에서 차지하는 비율은 1퍼센트도 안 됐다.[60]

물론 40년 전에는 확실히 후진국으로 제조업이 이전하기도 했다. 그렇지 않았다면 신흥공업국NICs의 등장과 "저개발국"의 공업 성장을 설명하기 어렵다. 그러나 "선진국이 제조업 상품생산을 포기했다. 개발도상국들에서 생산된 제품 수입이 증가하면서 의류나 부품 조립 같은 노동집약적 제조업 생산이 선진국 경제에서 도태됐다"는 주장을 입증할 만한 근거는 거의 없다. 오히려 이런 수입에 필요한 자금은 "서비스 수출"이 아니라 "다른 제조업 상품의 수출, 특히 자본재와 화학제품 같은 중간재 수출"로 충당했다.[61]

1982년에서 1992년 사이에 비OECD 국가들의 대對OECD 수출은 OECD GDP의 1퍼센트에서 2퍼센트로 증가했을 뿐이다.

로손은 이런 변화 때문에 선진국에서 감소한 일자리 수는 기껏해야 600만 개, 즉 전체 고용의 2퍼센트라고 추산했다(선진국의 실업자는 모두 합쳐 3500만 명 정도다).

발도즈·코버·크라프트는 미국의 산업 구조조정에서 일자리의 해외 순유출이 없었다고 지적한다. "현재 미국에서는 1950년대 이후 어느 때보다 임금노동자의 비율이 높다. 하지만 이들은 놀랄 만큼 장시간 일한다."[62]

[미국에서 일어난] 구조조정의 결과 생산의 많은 부분이 디트로이트 같은 오래된 공업 중심지에서 서부와 남부의 "선 벨트" 주州로 이전했다. 그래서 미국의 자동차 노동자들은 대부분 더는 포드·GM·크라이슬러 같은 "빅3"에서 직접 일하지 않고 혼다·도요타·닛산·미쯔비시·다임러벤츠 같은 "이식 공장 trans-plant manufacturers"이나 GM에서 분리된 새로운 부품업체에서 일한다. 그래서 노동조합이 약해졌다.[63] 이런 상황은 미국 자동차 산업의 일자리가 모두 국경을 넘어 멕시코로 사라진다는 주장과는 매우 다르다.[64]

어떤 산업은 다른 산업보다 쉽게 이동하기도 한다. 예를 들어, 의류업은 특히 생산라인을 옮기기 쉬운 산업이다. [의류업의] 기본 장비, 즉 재단기·재봉기·프레스 등은 가볍고 값싸며, 생산품도 비교적 운반하기 쉽다.[65] 인건비와 그 밖의 비용이 증가해 회사 문을 닫고 이전한다는 말은 대부분 이런 산업과 관련된 것으로, 그다지 놀랄 일은 아니다. 그러나 이런 산업에서도 이전에는 한계가 있다. 고품질 상품은 여전히 선진국에서 생산되기도 한다. 그래서 1990년 뉴욕 시의 의류업 종사 노동자는 11만 2190명이나 됐다. 게다가 그들은 결코 "정보 처리" 노동자가 아니었다. 이 중 6만 4476명은 생산직 노동자(대부분 외국 출신)였고 단지 1만 3522 명만이 "전문가나 관리인"이었다.[66] 당시 미국의 의류 노동자는 모두 합쳐 30만 명 안팎이었다.

좌파와 우파의 논평가들이 모두 쉽게 이전할 수 있는 산업으로 강조하는 것이 소프트웨어 관련 산업이다. 소프트웨어 산업에는 자본이 비교적 적게 투자되고 운송 비용도 사실상 없다고 여기는데, 아주 값싼 통신망을 통해 수천 킬로미터 떨어진 곳까지 정보가 순식간에 전송되기 때문이다. 그래서 시카고에 본사를 둔 기업에 판매할 소프트웨어 프로그램이 인도 방갈로르에서 생산되기도 하고 런던에서 구입한 비행기 표가 델리에 있는 컴퓨터 단말기에서 출력될 수도 있다. 게다가 많은 제3세계 나라에는 고등교육을 받고 영어를 유창하게 구사해서 이런 업무를 처리할 수 있는 사람들이 많다. 인도만 해도 고급 기술자가 400만 명이고 이공계 대학 졸업생이 해마다 5만 5000명씩 나온다.[67] 이런 산업은 하트와 네그리가 묘사하듯이 "생산력"이 "완전히 탈지역화"해서 "두뇌와 몸이 …… 가치를 생산"하지만 "자본과 자본의 생산 조직 능력"이 반드시 필요하지는 않은 것처럼 보인다.[68] 그리고 인도의 소프트웨어 생산 증가 속도는 실로 엄청났는데, 이 분야에서 일하는 사람은 1985년 2500~6800명에서 1996년에는 14만 명으로 늘어났다. 이 가운데 2만 7500명은 수출 부문에 고용돼 있다.[69]

그러나 좀 더 자세히 살펴보면 인도 산업도 여전히 고정자본 투자에 의존하기 때문에 한 순간에 다른 지역으로 이동하지는 못한다. 방갈로르가 인도 최대의 소프트웨어 생산 중심지로 발전한 것은 인도의 다른 지역과는 다르게 주州정부가 설비투자의 많은

부분을 담당했기 때문이다. [인도의 소프트웨어] 산업을 연구한 결과를 보면,

[방갈로르에는] 먼지가 없기 때문에, 인도 정부는 1956년과 1960년 사이에 바라트 전자BLE와 힌두스탄 항공사HAL 같은 거대 공기업과 함께 국방연구소와 인도과학재단을 방갈로르에 설립했다. …… 1970년대에는 인도우주연구소와 바라트 중공업BITEL도 방갈로르에 자리 잡았다.

방갈로르에 전자 산업과 항공 산업이 집중되면서 여러 산업 사이의 연결 고리가 새롭게 창출됐다. …… 그래서 방갈로르는 컴퓨터 산업과 IT 산업이 들어서기에 적당한 지역이 됐다. …… 게다가 방갈로르는 정책 입안자, 정부 기관, …… 공항과 가깝다는 등 많은 이점을 가진 주도州都이기도 하다.[70]

정책 입안자들은 방갈로르에 첨단 산업이 번성할 수 있는 환경을 만들고자 집중적으로 노력했다. …… 그 목표는 전자 산업에 투자를 유치하는 데 필요한 설비와 기반 시설, 즉 전기, 통신 설비, 기술 훈련 센터 등을 확실하게 제공하는 것이었다.[71]

전기와 깨끗한 물 공급이 보장되지 않았다면 ─ 이 중 어느 것도 제3세계의 대다수 도시에서는 보장되지 않는다 ─ 방갈로르의 소프트웨어 산업은 급성장하지 못했을 것이다. 사실, 공업이

성장하면 기업들은 스스로 값비싼 투자를 하지 않고서는 전기와 깨끗한 물을 확보할 수 없게 된다.[72] 그래서 인포시스라는 기업은 "신규 인력을 채용할 때마다 자본 지출과 훈련 비용으로 20만 1000달러 이상을 사용한다. …… 직원들은 최신 기술을 이용할 수 있게 된다. 이런 정책으로 생산성 향상을 도모하는 것이다."[73]

소프트웨어 생산에 적합한 지역에서 설립되고 노동자 교육에 투자한 기업들이 즉시 간단하게 다른 지역으로 이동하기는 쉽지 않다. 같은 이유로 유럽이나 일본이나 북아메리카에 [생산] 설비를 둔 기업들이 방갈로르로 이전하려고 공장을 닫지는 않았다. 이런 기업들이 방갈로르로 공장을 이전하지 않은 것은 자국보다 방갈로르에서 숙련 노동자를 채용하기가 더 어려웠기 때문이다. 방갈로르의 소프트웨어 노동 인력은 비교적 적다. "방갈로르에는 종업원이 많지 않다. 특히 인도의 기준으로 보면 그렇다. 어림잡아 최근(1996년)에 방갈로르에는 7000명에서 1만 5000명이 고용돼 있다."[74] 국제적으로 소프트웨어 산업에 고용된 노동자 수와 비교하면 매우 적다. 게다가 인도에서는 노동[공급]이 부족해 임금이 해마다 30퍼센트씩 오르고 있고 산업 확장에 따른 환경 문제(오염, 전기·물 부족, 교통 체증)로 추가 비용이 발생할 것이기 때문에 "인도를 더는 저임금 지역으로 여기지 않게 될 때가 올 것"[75]이라고 예측하는 사람들도 있다.

인도 전체, 특히 방갈로르는 세계 소프트웨어 시장에서 틈새를 발견했다. 그러나 틈새시장에는 한계가 따르는 법이고, 산업으로서 소프트웨어가 틈새시장을 통해 세계의 한 지역에서 다른 지역으로 대량 판매될 수 있다는 점도 확실히 입증되지 않았다.

데이터를 컴퓨터 단말기에 입력하는 덜 숙련된 업무의 경우에는 사정이 약간 다르다. 이런 업무는 값비싸고 정교한 장비가 별로 필요하지 않고 노동자들이 익혀야 할 기술 수준도 낮다. 그래서 인도에서는 이런 업무가 소프트웨어 생산보다 더 널리 퍼져 있다. 의류 산업처럼 숙련도가 덜한 산업은 숙련도가 높은 산업보다 이동성이 더 높다. 그러나 이런 산업에서도 한계는 있다. 노동자들은 적절한 언어 능력이 있어야 하고(우르드어를 유창하게 한다고 해서 미국 항공사 컴퓨터에 데이터를 입력하는 데 도움이 되는 것은 아니다) 훈련을 받아야 하고 업무를 정확히 처리해야 한다(데이터를 잘못 입력하면 심각한 비용 손실이 따르기도 한다). 한편으로 통신 장비(와 이것을 가동하기 위한 전기 공급)도 확보해야 한다. 이런 조건이 모두 완비된 상태에서 기업이 이것들을 [쉽게] 포기하지는 않을 것이다. 어지간히 강력한 동기가 없다면 말이다.

일반적인 자본주의 생산처럼 소프트웨어 생산도 경제 위기를 거치며 끊임없이 합리화와 구조조정을 겪을 수밖에 없다. 이 과정에서 일부 지역의 산업은 축소되거나 사라지는 반면 다른 지역의 산업이 확장하거나 새로 등장하기도 한다. 그러나 자본주의 산업들이 한 지역에서 다른 지역으로 쉽게 움직일 수 있을 정도로 "유동적"인 것은 아니다. 오늘날 자본주의의 일반적 경향은 생산이 여전히 선진국에 집중돼 있다는 것이다. 몇몇 종류의 생산은 자본이 선호하는 제3세계의 일부 지역, 즉 신흥공업국이 있는 동아시아·동남아시아·중국 동부로 이동하기도 했다. 그러나 자본은 20세기 중반에 산업화가 완료된 지역의 수익성이 대체로 더 낮다는 것을 깨달았다. 그곳의 노동자들이 아마도 [제3세계의 노동자들보다] 더 많은 임금을 받겠지만, 숙련 기능 수준과 공장·기반 시설에 대한 기존 투자 때문에 그런 곳의 노동자들이 제3세계의 가난한 노동자들보다 생산성도 더 높고 잉여가치도 더 많이 창출한다. 라틴아메리카의 대다수 나라들이 매우 더디게 성장하거나 정체하고, 아프리카의 대다수 나라들이 퇴보하는 것은 이 때문이다.

고용 패턴 ─ 세계 노동계급과 "제3세계"

지난 150여 년 동안 자본주의는 세계 노동계급을 만들어 냈다. 공업과 임금노동자는 오늘날에도 세계 곳곳에 실제로 존재한다. 공업 노동계급은 전 세계에 존재한다. 그러나 체제의 불균등·결합 발전 때문에 공업 노동계급은 지역에 따라 매우 불균등하게 분포한다. 대략 계산해 보면, 전 세계의 공업 노동자 2억 7000만 명 가운데 40퍼센트는 OECD 나라들에 있고, 중국·라틴아메리카·옛 소련 지역에 각각 15퍼센트씩, 나머지 아시아 나라들에

10퍼센트, 그리고 아프리카에 5퍼센트가 있다.[76]

불균등은 오래된 공업국들과 나머지 나라들 사이에만 존재하는 것은 아니다. 불균등은 "제3세계" 사이에도 존재한다.

시장의 확산과 도시화가 반드시 임금노동자의 성장과 일치하지는 않는다. 이 점은 경제 위기 때문에 경제 성장이 더디거나 마이너스인 나라에서는 특히 사실이다. 그래서 "몇몇 아프리카 나라들에서는 임금노동자들의 수 자체가 줄어들었다." 중앙아프리카공화국에서는 33퍼센트, 감비아에서는 27퍼센트, 니제르에서는 13.4퍼센트, 자이르에서는 8.5퍼센트가 하락했다.[77] 이 지역의 도시 실업률은 15~25퍼센트다(1970년대 중반에는 10퍼센트였는데 상승했다).[78] 사하라사막 이남 지역 전체에서 "농촌 지역의 주된 고용[형태]는 자영업이다."[79] 제조업 활동이 농촌 지역의 고용에서 차지하는 비율이 최대 20퍼센트이긴 하지만, 여기서 제조업은 매우 초보적인 종류로, 대개는 대장간 · 양조장 · 양복점 · 제분소이고 대체로 1인 작업장이다.

사하라사막 이남의 아프리카 지역은 세계 체제에서 보면 예외 지역이고 심지어 엄청나게 가난한 지역이기도 하다. 아시아와 라틴아메리카의 임금노동자는 분명히 증가했다. 그러나 그런 증가는 이른바 "현대적" 부문이 아닌 부문에서 일어났고 임금노동자뿐 아니라 자영업자도 비슷하게 빠른 속도로 증가했다.

1980년부터 1992년까지 라틴아메리카의 비농업 부문 종사 노동인구는 6800만 명에서 1억 300만 명으로 증가했다. 이 기간이 흔히 "잃어버린 10년"이라고 부르는 경제 위기와 침체의 시기였는데도 그랬다. 그러나 "대기업"에 고용된 노동자는 3000만 명에서 겨우 3200만 명으로 늘었을 뿐이다. 반면에, 중소기업에 고용된 노동자는 1000만 명에서 2400만 명으로 증가했다. 공공부문 노동자는 1100만 명에서 1600만 명으로, 집안일을 하는 노동자(가정부, 유모, 자가용 운전수, 정원사 등)는 400만 명에서 700만 명으로 늘었고, 이른바 "비공식"* 부문 노동자는 1300만 명에서 2600만 명으로 급증했다.[80] 비공식 부문 고용과 비농업 부문의 중소기업 고용이 겹치는 부분은 1980년과 1990년 사이에 40퍼센트에서 53퍼센트로 증가했다.[81]

"이 지역에서 비공식 부문의 일자리가 머지않아 비농업 노동자의 3분의 1을 차지하게 될 것이다. …… 비공식 부문의 일자리 증가는 대부분 자영업에 집중됐다."[82] 1980년에 브라질에서 도시 취업 인구의 거의 절반은 "공식 노동자"**가 아니었다.[83] 이들 가운데 절반 이상이 공식적·법률적 사회보장 혜택을 받지 못하는

---

* 비공식 노동(informal work)이란 노점상이나 구두닦이, 세차 또는 음식점의 단순 아르바이트 등 제대로 된 일자리가 아닌 소위 '거리 노동'을 뜻하는 것으로, 노동 관련 통계에 포함되지 않는 직종을 말한다.

** 공식 노동시장은 계약에 의한 고용관계와 노동자를 보호하는 최저임금과 수당과 노동자 해고를 규제하는 노동관련 법과 규제의 영향 아래 있는 노동시장을 말한다.

임금노동자였고 1990년에 1840만 명의 노동자가 공식 일자리를 원한다고 선언했다.[84] 이것은 "탈산업화"가 아니고, 라틴아메리카에서 노동계급이 사라졌다는 증거도 결코 아니다.

지난 20년 동안 인도 경제는 라틴아메리카의 대다수 나라들보다 빠르게 성장했다. 비록 훨씬 낮은 수준에서 시작했지만 말이다. 라틴아메리카의 대다수 나라에서 1인당 산출량이 하락한 반면에 인도에서는 증가했고, 총생산량에서 공업 부문이 차지하는 비율은 현재 대략 19퍼센트다. 그러나 라틴아메리카처럼 압도적으로 비공식 부문에서 일자리가 늘었다.

1980년대의 "산업 성장률이 매우 높았는데도 …… 전체 고용에서 제조업이 차지하는 비율은 …… 감소"했는데, "민간 제조업 부문[즉, 공식 부문 – 하먼]"의 고용 성장률도 "마이너스"를 기록했다.[85] 1977~1978년과 1993~1994년 사이에 도시의 "정규직" 남성 노동자 비율은 46.4퍼센트에서 42.1퍼센트로 줄어들었다(물론 도시 인구가 엄청나게 늘어나면서 전체 정규직 수도 늘어나기는 했지만 말이다). 반면에 "자영업" 인구의 비율은 40.4퍼센트에서 41.7퍼센트로 약간 늘었고, 임시직의 비율도 13.2퍼센트에서 16.2퍼센트로 증가했다.[86]

자영업자는 대부분 특권층이 아니다. [인도의] 아흐메다바드 지역을 조사한 결과를 보면 "독립적 사업장"을 가진 남성 자영업자는 전체의 10분의 1에 불과했다. 3분의 1은 거리에서 일하는 노점상이나 릭샤왈라[*]나 손수레꾼 등이다. 릭샤왈라는 뭄바이에 20만 명, 아흐메다바드에 8만 명, 방갈로르에 3만 명이 있다. 한편 콜카타에는 행상인이 25만 명 있고, 릭샤왈라가 10만 명 넘게 있다.[87]

인도에 적용되는 이런 패턴은 정도의 차이는 있지만 파키스탄과 방글라데시에도 적용된다.[88] 또, 이런 패턴은 더 '선진적'인 다른 "개발도상국"에서도 발견된다. 1987년에 터키의 "대규모 제조업체"에 고용된 사람은 97만 9839명이었고 "소규모 제조업체"에 고용된 사람은 55만 670명이었다. 전체 산업 노동자의 44.2퍼센트가 100인 이상 작업장에서 일했고, 10인 이하 작업장에서 일하는 노동자는 24.2퍼센트에 불과했다.[89] 이 정도로 집중된 산업에서 노동조합에 가입한 노동자가 50~55퍼센트라는 사실은 놀랄 일이 아니다.[90] 그러나 1988년에 185만 4000명이던 도시의 "비공식" 부문 노동자가 1992년에는 215만 2000명으로 증가했다.[91]

비공식 부문 노동자들 말고도 현대 자본주의에서 고용 기회를 박탈당한 사람들은 어디에나 있다. 바로 실업자들이다(흔히 비공식 노동자들과 실업자들은 겹치기 마련이다). 실업자 수는 지역마다, 나라마다 다양한데, 이는 부분적으로 비공식 부문에서 생계를 꾸려나가기가 얼

---

[*] 인도나 방글라데시를 비롯한 동남아시아에 흔한 이동수단인 릭샤(rickshaw)를 운전하는 사람을 지칭하는 말. 릭샤란 원래 인력거를 뜻하지만 요즘에는 거의 없고 자전거를 개량한 사이클릭샤(Cycle-rickshaw)나 소형 엔진을 장착한 3륜차인 오토릭샤(auto-rickshaw)를 뜻한다.

마나 어려운지에 달려 있다. 그래서 중동 전체의 실업률은 15퍼센트다.[92] 그러나 "리비아·알제리·이란·예멘의 실업률은 25퍼센트에서 30퍼센트 사이다."[93] 1995년 10월 상파울루에서는 전체 노동인구 822만 1000명 가운데 110만 2000명이 실업자였다.[94]

중국에서는 정부가 국영부문 경제에 대해 의도적으로 구조조정 정책을 실행하고 있다. 이들 구조조정 대상 기업의 노동자들은 1993년 4500만 명에서 1998년 2700만 명으로 줄었다.[95] 해고된 노동자들의 일부는 다른 일자리를 구하겠지만 모두가 그러지는 못할 것이다. 한 데이터를 살펴보면, 2001년 8월에 82개 도시의 공식 직업 알선소에 등록된 노동자는 220만 명이었는데, 취업 가능한 일자리는 154만 개에 불과했다.[96] 취업하려고 농촌에서 도시로 오는 수많은 사람들의 염원을 충족시키기에는 일자리가 실로 너무 적었다. "육체 노동 일자리를 찾아 이 도시 저 도시를 전전하는 농촌 출신 떠돌이가 1억 5000만 명이다."[97]

자본주의적 축적 때문에 세계 전역에서 시장을 위해 생산하는 일자리와 도시가 급속히 성장하고 있다. 또한 대부분의 지역에서 (비록 아프리카는 대부분 해당되지 않지만) 중·대규모 작업장에서 비교적 생산적인 임금노동자의 수도 늘어난다. 그러나 임시직이나 노점상으로 생계를 유지하거나 자영업을 하면서 생존해야 하는 사람들이 늘어나는 속도가 훨씬 더 빠르다. 이들의 최상층은 소사용자에 해당하는 프티부르주아지로 편입되지만 최하층은 생계조차 유지하지 못할 정도로 절망적인 빈곤에 빠지게 된다. 브라질 도시 인구의 48퍼센트가 빈곤층이고, 이들 가운데 40퍼센트는 음식 말고는 아무것도 살 수 없는 "극빈층" 소득 수준에도 미치지 못한다.[98]

비공식 부문의 경제학과 정치학

이런 비공식 부문 노동자들이나 자영업자들은 "공식" 노동자들과 어떤 관계인가?

널리 알려져 있고 간단하지만 아주 잘못된 대답이 하나 있다. 종신고용 노동자들을 "특권층", 즉 일종의 "노동귀족"으로 여기는 것이다. 확실히 비공식 부문 노동자들에게는 그렇게 보일 법도 하다. 공식 부문 노동자들은 대체로 상당히 많은 임금, 산재보험, 유급휴가, 연금 같은 것들이 보장된다. 그래서 브라질 동북부의 여러 도시 사람들에게 "공식 부문에 고용되는 것은 특권이나 마찬가지다. 사실 전체 노동자의 절반도 안 되는 사람들만 그런 혜택을 '누리기' 때문"이다.[99] 인도의 "조직된 부문" 노동자들은 "조직되지 않은 부문" 노동자들보다 더 많은 임금을 받는다(보통은 30~40퍼센트, 심지어는 100퍼센트를 더 받는 경우도 있다).[100] 중국의 대규모 산업에서 일하는 노동자들은 임금에 주택·산재보험·연금까지 보장받는 "철밥통"이 된 반면에, 농촌에서 일자리를 찾아 이주한 사람들은 국내 통행증 제도 때문에 도시 거주 권리가 없어서 이런 혜택을 받지 못했다.

그러나 사용자들이 진심어린 선의로 그런 혜택을 제공한 것은 아니다. 사용자들에게는 어느 정도 안정적인 노동인력 공급이 필요하다. 특히 경기가 호황이어서 경쟁자들에게 숙련 노동자를 뺏길 수 있는 경우에는 더욱 그렇다. 국가도 마찬가지로 이런 안정성을 원하는데, 대중의 불만이 갑자기 폭발해서 국가를 위협하지 않도록 예방하기 위해 노동자들에게 복지 혜택을 제공한다.

그래서 예를 들어 멕시코에서는 1910~1919년 혁명 후 수십 년 동안 집권당[제도혁명당]이 사용자 단체와 농민뿐 아니라 노동조합도 포섭하는 정치 구조가 만들어졌다. 한 학자는 다음과 같이 설명한다.

혁명 후 정권이 추진한 복지 정책은 공식 부문의 노동자들에게 유리한 부문적 이익 논리에 따라 운용됐다. …… 사회안전망에는 건강보험, 질병보험, 퇴직연금, 산재보상, 유가족연금, 출산수당 등 각종 복지 혜택이 포함됐다. …… 사회보장 정책의 혜택이 계층별로 차등 지급됨에 따라 그것은 사회적 차별의 도구 노릇을 하게 됐다. 공식 경제에서 일하지 않는 사람들뿐 아니라 공식 경제에서 일하면서도 노동조합에 가입하지 않은 사람들도 사회안전망에서 제외됐다. 이처럼 국가가 인정하는 노동조합에 위계적으로 조직된 집단들만이 특혜를 누렸다.[101]

그러나 그 목적은 공식 부문의 노동자들에게 은혜를 베풀려는 것이 아니었다. 오히려 국가가 "노동조합 승인권을 쥐고서 노사 분규를 조정하거나, 파업을 인정하거나, 합법·불법 파업을 결정할 수 있게 하고", 노동조합을 "관변 단체나 어용 노조로 만들어 …… 노조 대표자들이 조합원들 위에 군림할 수 있게 해서" 노동자들을 통제하는 구조로 만든 것이었다.[102] 노동자들이 이런 구조에서 벗어나려 할 때마다 국가는 더할 나위 없이 폭력적으로 그들을 탄압했다. [이런 구조의] 진정한 수혜자는 멕시코 부르주아지였다. 그들은 20세기의 가장 격렬한 혁명적 격변 중 하나에서 무사히 살아남아 매우 안정된 국가를 건설할 수 있었다. 1950년에 멕시코의 최상위 10퍼센트는 최하위 10퍼센트보다 재산이 18배나 많았다. 1970년이 되자 격차는 27배로 벌어졌다.[103] 부자들은 자신들의 부를 창출하는 노동자들을 통제하는 메커니즘을 발전시킨 덕분에 그런 성과를 거둘 수 있었다. 통제 대상 가운데 가장 중요한 사람들은 가장 생산적인 부문, 즉 가장 선진적인 "공식" 부문에서 일하는 노동자들이었다.

1950년대~1990년대 중국 지배자들에게도 "철밥통"이 비슷한 구실을 했다. "철밥통"은 자본 투자가 가장 많이 돼 있던 핵심 산업에서 경험 많고 생산적인 노동자들을 안정적으로 확보할 수 있게 해 주었다.

조건이 더 나은 노동자들이 그렇지 못한 노동자들의 희생에서 이득을 보지 못한다는 주장은 흔히 직관에 반하는 듯하다. 이런 주장이 서유럽 노동자와 제3세계 노동자를 대비시키는 것이든지, 아니면 제3세계의 공식 부문 노동자와 비공식 부문 노동자를 대비시키는 것이든지 말이다. 그러나 이 경우에는 "직관에 반하는" 주장이 옳다. 많은 산업에서 노동자들의 일자리가 안정되고 경험이 많을수록 생산성도 더 높다. 자본은 이런 노동자들에게 더 높은 임금을 양보할 각오가 돼 있다. 왜냐하면 그렇게 해도 이 노동자들에게서 더 많은 이윤을 뽑아낼 수 있기 때문이다. 따라서 특정 부문의 노동자들이 다른 부문의 노동자들보다 더 많은 임금을 받지만 더 많이 착취당한다는 명백한 모순이 존재한다. 바로 이런 사실만이 오직 이윤만을 추구하는 자본가들이 임금이 가장 낮은 아프리카 같은 지역에 대규모로 투자하지 않는 이유를 설명할 수 있다.

물론 그렇다고 해서 자본이 끊임없이 임금을 억제하고 신기술을 습득하고 생산 구조를 개편해서 노동비용을 대폭 삭감하려는 노력을 하지 않는 것은 아니다. 따라서 대부분의 세계에서 나타나는 패턴은 기존의 "공식" 노동자들이 거의 그대로 남아 있으면서도 어느 한 귀퉁이가 조금씩 무너지면서 "비공식" 부문에서 새로운 일자리가 많이 생겨나고 있다는 것이다.

오늘날 "개발도상국"에서 비공식 노동자의 대다수는 새로 도시 노동자가 된 사람들이다. 이들은 농촌 출신(중국의 도시에서는 1

억 명 이상의 농민들이 일자리를 구하고 있다)이거나 갓 성인이 돼 일자리를 처음 구하는 여성들과 청년들이다. 그러나 지난 20년 동안의 자본주의 축적 패턴 때문에 현대적이고 생산적인 산업의 노동 수요가 이 새로운 도시 노동자들을 흡수할 만큼 커지지는 않았다. 국제 경쟁 때문에 자본가들은 "자본 집약적" 생산 형태(마르크스는 이것을 "자본의 유기적 구성" 증가라고 불렀다)를 추구했는데, 자본 집약적 생산 형태에서 새로운 노동자는 그리 많이 필요하지 않다. 그 결과, 노동시장에 새로 들어온 노동자 다수가 생계를 위해 택할 수 있는 것이라고는 아주 변변찮은 자영업자가 되거나 저임금과 열악한 조건으로 자신의 노동력을 파는 것뿐이다. 그러면 소小 자본가들이 체제 주변부에서 이들을 착취해 이윤을 얻기도 한다.

라틴아메리카의 고용 관련 보고서를 보면,

이 지역 비공식 부문의 일자리는 머지않아 비농업 노동자의 3분의 1을 차지하게 될 것이다. …… 비공식 부문의 일자리 증가는 대부분 자영업에 집중됐다. …… 이런 과정의 결과로 실업률이 낮아지는 추세가 나타났지만, 평균 노동생산성은 두드러지게 악화했다.[104]

일반으로 말해 이런 나라들에서 도시 대중의 대다수가 겪는 고통은 대자본의 초착취 때문이 아니라, 대자본이 그들을 착취

해도 충분한 이윤을 얻을 수 없다고 보는 현실 때문이다. 이 점은 사하라사막 이남의 아프리카 나라들을 보면 더욱 분명해진다. 노예 무역의 초창기부터 제국이 몰락한 1950년대까지 [아프리카] 대륙의 부를 쥐어짜내며 세계 체제를 운영하던 자들(유럽과 북아메리카로 재산을 빼돌린 현지 지배자들도 포함해서)이 이제는 아프리카 사람들을 "쓸모없다"고 여겨 거들떠보지도 않는다.

150년 전에 마르크스는 영국 사회를 살펴보면서 비공식 부문의 성장 과정을 매우 잘 묘사했다.

정상적 축적 과정에서 형성된 추가 자본은 특히 새로운 발명과 발견, 산업의 개선 일반을 이용하기 위한 수단의 구실을 한다. 그러나 오래된 자본도 머리끝에서 발끝까지 완전히 갱신돼야 할 순간이 도달한다. 자본이 …… 기술적으로 완벽한 형태로 …… 다시 태어나면 전보다 적은 노동량으로도 충분히 더 많은 기계와 원자재를 이용해 생산할 수 있게 된다.

…… 축적 과정에서 형성된 추가 자본이 흡수하는 노동자는 자본의 크기에 비해 점점 더 적어진다. 오래된 자본은 …… 전에 고용했던 노동자들을 점점 더 많이 내쫓는다.[105]

따라서 노동인구는 그들이 창출한 자본축적과 동시에 자신을 점점 필요 없게 만드는 수단을 생산해서 스스로 상대적 과잉 인구가 된다.[106]

자본주의적 생산이 농업을 장악하자마자 …… 농업 노동인구
에 대한 수요는 절대적으로 감소한다. …… 따라서 농업 인구의
일부가 계속해서 도시 프롤레타리아로 변모한다.[107]

이 역동성 덕분에 "현역 노동자 군대"의 일부가 "정체"하게
되고 그래서 "극단적인 비정규 고용"이 생겨난다.

그들의 생활 조건은 정상적인 노동계급의 평균 [생활] 수준 이하로
떨어진다. 이런 상황 때문에 그들은 자본주의적 착취에서 특수
부문의 토대가 된다. …… 이런 특수 부문의 특징은 최대한의 노
동시간과 최소한의 임금이다. …… 축적의 규모와 활력이 커지고
과잉인구가 더 많아지면서 특수 부문의 규모도 함께 성장한다.[108]

자본의 확장 능력이 발전하게 된 바로 그 이유 때문에 자본이
처분할 수 있는 노동력도 커지게 된다. 따라서 산업예비군의 상
대적 규모가 커지고 이와 함께 부의 잠재력도 커진다. 그러나 현
역 노동자 군대보다 산업예비군이 더 빨리 늘어날수록 과잉인구
도 많아지는데, 이들은 노동의 고통에서 멀어질수록 더 비참해
진다. …… 이것이 자본주의 축적의 절대적 일반 법칙이다.[109]

부문들 사이의 상호작용

그러나 문제는 여기서 끝나지 않는다. 자본주의는 이렇다 할 생

계 수단이 없는 사람들을 이용해서, 가장 생산적인 부문에서 착취당하는 사람들에 대한 압력을 강화한다. 비공식 노동자의 증가는 공식 부문 노동자들에게 결코 이롭지 않다. 비공식 노동자가 증가하면 공식 부문 노동자에 대한 착취도 심해진다. 또한 많은 경우 공식 부문 노동자들의 삶도 팍팍해진다.

노동자들의 열악함은 아프리카에서 가장 두드러진다. 아프리카에서는 직업을 가진 사람들의 실질임금 하락 폭이 너무 커서 도저히 믿을 수 없을 정도다. 1991년에 발표된 보고서를 보면, "실질임금이 급격히 하락했는데 …… 1980~1986년에 평균 30퍼센트가 하락했다. …… 몇몇 나라에서는 1980년 이후로 [실질임금이] 연평균 10퍼센트씩 떨어졌다. …… 이 기간에 최저임금은 평균 20퍼센트 하락했다."[110]

소말리아, 시에라리온, 탄자니아에서 실질임금이 폭락했다. …… 임금의 하락 폭은 이 지역의 1인당 소득이 하락한 폭보다 훨씬 크다. …… 임금노동자가 위기의 책임을 져야 했다. …… 노동 대중, 특히 도시 노동 대중의 삶은 인플레이션과 자산 가치 감소 때문에 완전히 망가졌다.[111]

이런 임금 폭락이 시에라리온 같은 지역에서 벌어진 끔찍한 내전의 원인을 설명해 주는 중요한 요인이다. 시에라리온에서

1989년의 최하위 공무원 초임은 1978년의 초임과 비교하면 5분의 1밖에 안 됐다.[112] 일부 젊은 남성들에게는 최소한의 생계라도 유지하는 방편이 전쟁뿐이었던 듯하다.

1980년대에 라틴아메리카에서는 비공식 부문의 성장과 동시에 실질임금이 10퍼센트 이상 하락했다. 비록 1990년대 말에 아시아의 위기가 라틴아메리카 대륙을 강타하기 전인 1990년대 초에는 약간 회복되긴 했지만 말이다. 인도에서는 공식 부문의 실질임금이 감소하지 않은 듯하다. 그러나 거의 20년 동안 경제는 성장했지만 공식 부문의 임금은 오르지 않았다.

인도와 라틴아메리카에서 모두 공식 부문의 실질임금 하락 외에 다른 일도 일어났다. 대규모 산업에서 특정 일자리가 공식 부문에서 비공식 부문으로 이동했다. 그래서 사용자들은 이런 노동자들의 임금을 어느 정도 삭감할 수 있었고, "공식" 부문에 남아 있는 노동자들을 압박해 조건의 악화를 받아들이게 했다. 그래서 인도의 주요 산업 지역인 구자라트 남부에서는,

지역 산업에서 비정규직 노동자의 비율이 커진 것이 지난 30년 동안 일어난 주요한 변화다. 적어도 50퍼센트의 산업 노동자가 템포월리스[임시직 노동자 — 하먼]이거나 계약직 노동자로 추산된다. ……

정규직 노동자와 비정규직 노동자의 차이는 …… 사용자들

이 노동법과 규제를 피해서 임금을 최대한 낮게 유지하고 법적 책임과 주의 의무를 공식적으로 회피하려고 끊임없이 노력한 데서 비롯했다. …… 대체로 임시직 노동자들은 미숙련 직종에 있거나, 짐 나르기, 설비 관리, 완제품 포장, 청소 같은 고된 일을 한다. …… 그들이 받는 보수는 일당의 공식 하한선을 넘지 않는다. [그들은 ─ 하먼] 부가급부[복리 후생 혜택]를 받지 못하며 쉽게 해고된다. …… 그들은 법망의 바깥에 있기 때문에 …… 노동조합 간부들의 주의를 끌지 못한다. 왜냐하면 노동조합 간부들에게는 노동법이 행동의 출발점이기 때문이다. 사실상 여성들이 비정규직의 다수였다. 또, 멀리 떨어진 다른 지역 출신 하청 노동자들이 공급됐다. 경영자들은 자기 지역에서 채용한 노동자보다 이런 노동자들을 더 "믿을 만하다"고 여기며 결근도 적게 한다고 생각한다.[113]

마찬가지로, 라틴아메리카의 일부 지역에서도 과거에 "공식" 부문의 종신고용 노동자가 하던 일이 이제는 비공식 부문으로 이동하는 경향이 있었다. 전에는 비공식 부문의 일자리는 "추수기의 농장이나 건설업체처럼 임시직만 고용하는 기업과 중소기업에서만 찾아볼 수 있었다."

이런 상황은 1990년대 초에 바뀐 듯하다. 그때는 침체의 시기였고 더 많은 기업(아마도 중소 규모)이 비공식 부문으로 넘어가서 간접 임금과 모든 세금 납부를 회피했다. 게다가 새로운 추세, 이른바 테르콰루자상tercuaruzação이 두드러졌는데, 이것은 …… 가장 선진적인 경제 부문에서 종신고용 노동자(대부분 공식 부문)를 자영업 서비스 공급자가 대체한 것을 가리킨다.[114]

그렇다고 해서 공식 부문이 사라지는 것은 아니라는 점을 강조해야겠다. 여전히 공식 부문은 특정 업계에서는 강력하다. 구자라트의 사용자들은 자신들에게 필요한 노동인력을 모두 임시직이나 계약직으로 채울 수 있다고 생각하지 않는다.

종신고용 노동자들은 혜택을 받는다. 사용자들은 이런 노동자들에게 퇴직금, 연금, 상여금, 유급휴가를 제공하고 이들을 해고하기도 어렵다. 이런 노동자들은 대체로 더 숙련되고 경험도 많아서 사용자들은 이들이 꼭 필요하고 더 성실하다고 여긴다. …… 이런 노동자들은 초보적인 분업을 하는 곳보다는 더 복잡한 기술이 필요한 공장, 예컨대, 금속 산업 같은 분야에서 일한다.[115]

사용자 처지에서 보면 임시직·계약직 고용은 양날의 칼이다. 임시직·계약직을 고용하면 노동비용을 줄이고 노동강도를 늘릴 수 있다. 그러나 노동자들은 또한 임시직·계약직이므로 가능하다면 더 나은 곳으로 떠날 수 있다. 게다가 임시직·계약직을 고용하면 기업주는 노동자의 "사회적 동반자"를 자처하지 못하게 된다.

그래서 구자라트의 한 기업주는 이렇게 말했다.

우리 회사는 하청 계약을 맺지 않습니다. …… 우리는 확실한 사람만 채용합니다. 우리에게는 신뢰가 필요하고 그래서 추천을 받아 채용합니다. 이런 사람들은 말을 잘 듣습니다. 그들은 마음속으로 두려워하고 있습니다.[116]

이런 연구 결과를 공개하며 힌 스티프커크가 지적하듯이, 임시직·계약직을 고용하면 기업주는 모든 노동자가 한 가족이라고 둘러대기가 어려워진다.

계약직 노동자가 많아지는 것은 지역 산업의 전환 과정이 바뀌고 있음을 보여 준다. 또한 노동환경과 노사관계도 변하고 있음을 나타낸다. 이런 추세는 노사관계가 더 물상화物像化됐다는 것을, 다시 말해 노동자와 사용자(관리자) 사이의 사회적 소외가 더 심화했다는 것을 함의한다.[117]

브라질의 가장 중요한 산업 도시 상파울루의 공식 부문은

1990년대 초의 경제 침체기에 약간 줄어들었다가 1990년대 중반에 다시 늘어나서 10년 전보다 더 커졌다. 그동안 비공식 노동자의 수가 거의 70퍼센트 늘긴 했지만 민간 부문에 고용된 "공식" 노동자의 수는 "비공식" 노동자의 수보다 네 배 이상 많았다.[118] 비공식 부문의 고용이 공식 부문의 주변부를 상당히 잠식했다. 그러나 사용자들이 "비공식화"하기 바라지 않거나 "비공식화"하지 못한 노동자들도 여전히 많이 남아 있었다. 파울로 싱어 같은 사람들이 말한 "탈프롤레타리아화" 주장은 틀렸다.[119] 탈프롤레타리아화라기보다는 오히려 노동인구의 구조조정이 일어났다고 하는 편이 옳다. 그 구조조정은 대기업이 특정 업무(대체로 비교적 비숙련 업무여서 불안정 노동자들이 쉽게 할 수 있는 일)를 중소기업이나 하청 용역업체나 자영업자에게 외주를 주는 식으로 진행됐다.

이런 현상이 자본주의 역사에서 처음 일어난 것이 아님을 짚고 넘어가야겠다. 임시직은 1960년대 말까지 영국 항만에서 그랬듯이, 흔히 특정 산업에서는 중요한 구실을 했다. 그리고 계약직 노동 형태는 매우 오래된 것으로, 산업혁명 시기의 방직공장에서 일반적 형태였다. 19세기 미국과 영국의 광산에서는 탄광 지배인이나 작업 감독("채탄 청부인")이 노동자들을 채용했고, 광산 소유주에게서 받은 돈의 일부를 노동자들의 임금으로 지급했다. 이런 비정규직 노동자들은 항상 자신들을 노동계급의 일부라고 생각하지 않았을 수 있다. 그들은 흔히 몇 년 심지어 몇십 년 동안 다른 부문의 노동자 투쟁과 단절돼 있었다. 그러나 그들이 다른 부문의 노동자들과 함께 투쟁할 수 있는 잠재력은 항상 존재했고 실제로 그런 투쟁이 시작되면 매우 격렬하게 진행돼서 거의 봉기의 조짐까지 보이기도 했다.

런던의 항운 노동자들이 처음으로 파업을 벌인 1889년에 프리드리히 엥겔스가 목격한 것이 바로 이런 발전이었다. 엥겔스는 이렇게 썼다.

지금까지 이스트엔드*는 찢어지게 가난한 정체 상태를 벗어나지 못했습니다. 그런 상태의 특징은 배고픔 때문에 정신이 피폐해진 사람들이 냉담해지고 모든 희망을 포기한다는 것입니다. 그곳 사람들은 모두가 육체적·정신적으로 피폐해졌습니다. 그런데 이제 가장 사기 저하했던 무리, 즉 항운 노동자들이 대규모 파업을 일으켰습니다. 강력하고 경험 많고 비교적 고임금을 받고 고용이 안정된 정규직 노동자들이 아니라 어쩌다가 항만으로 굴러들어온 사람들, 요나**처럼 배가 난파해 고립무원의 처지에 빠진 사람들, 굶기를 밥먹듯이 하던 사람들, 완전한 파멸을 향해 직행하던 인생 낙오자들이 파업을 일으킨 것입니다. …… 매일

---

* 런던 동부지역으로 오늘날에도 빈곤한 이민이 많이 거주한다.
** 큰 물고기 뱃속에 갇혔던 구약성서의 인물이다.

아침 항만의 문이 열리면 일을 지시하는 작자의 마음에 들려고 문자 그대로 아귀다툼을 벌이던, 아둔하게 절망에 빠져 있던 이 인간 군상들, 되는 대로 마구잡이로 어울리고 변덕이 죽 끓듯 하던 저 대중이, 4만 명이나 모여 강력하고 규율 있는 집단을 이루자 강력한 항운 기업들이 겁을 먹었습니다. …… 파업의 결과가 어찌 되든 이스트엔드의 최하층 노동자들이 운동에 입문하게 됐고 상층의 노동자들이 그들을 따를 수밖에 없게 됐습니다. ……

이것 말고도 더 있습니다. 이스트엔드에는 노동자 조직도 없고 노동자들이 무기력하고 수동적이어서 지금까지는 룸펜 프롤레타리아가 수많은 이스트엔드 빈민들의 전형처럼 얘기됐습니다. 이제 이런 상황은 끝났습니다. 행상인 같은 무리들은 뒤로 밀려날 것입니다. 이스트엔드의 노동자들은 자신들이 진정한 전형을 발전시키고 스스로 조직할 것입니다.[120]

엥겔스의 지적은 매우 중요하다. 국제적으로 노동자들은 20년 넘게 패배와 사기 저하를 겪었다. 이 때문에 투쟁 가능성에 대해 숙명론적 태도가 확산됐다. 숙명론은 천대받는 가난한 사람들의 고통을 묘사하면서 그들을 항상 투사가 아니라 희생자로 그리는 수많은 연구에 반영돼 있다. 그래서 국제노동기구 ILO의 후원을 받아 "사회적 배제"를 연구한 자료들이 산더미처럼 쌓여 있다. "사회적 배제"라는 주제는 그런 기구를 운영하는 관료들의 구미에 딱 맞는 주제다. 이런 연구들에서 노동인구의 "비정규직화"니 "여성화"니 하는 주제들은 투쟁의 가능성을 기각하는 학술적 핑계의 전형이 됐다. 비록 그런 연구를 하는 사람들의 일부는 그런 패러다임의 함정에서 벗어나려고 애를 쓰지만 말이다. 그리고 그런 전형들은 노동조합 관료들이 투쟁을 회피하려 할 때 근거랍시고 들이미는 핑계거리가 되고 있다. 투쟁 가능성에 대한 잘못된 평가가 그런 투쟁을 가로막는 진정한 걸림돌이 되고 있다.

마킬라도라

비공식 부문을 "조직하는 것이 불가능하다"는 주장은 흔히 마킬라도라를 연구한 엄청나게 많은 문헌 자료와 관련 있다. 마킬라도라는 다국적기업들이 제3세계에 세운 공장인데, 국제적 생산 사슬에서 규격화된 특정 핵심 업무를 담당한다. 마킬라도라의 가장 전형적인 사례는 갭Gap이나 나이키 같은 기업이 인도네시아·중앙아메리카·필리핀 같은 제3세계의 "자유무역지대"나 "EPZ"*에서 운영하는 의류 공장이다. 나오미 클라인은 《노 로고No Logo》에서 다음과 같이 자세히 설명한다.

----

*   수출가공구(輸出加工區, export processing zone) : 1970년 무렵부터 공업화를 지향하는 아시아와 라틴아메리카의 개발도상국에서 수출을 촉진하려고 설정한 특정지역.

전 세계에 적어도 850개의 EPZ가 …… 70개국에 퍼져 있으며 대략 2700만 명의 노동자가 여기에 고용돼 있다. 어느 나라에 있는 EPZ이건 간에, 그곳에서 일하는 노동자들의 이야기는 놀라우리만큼 비슷하다. 노동시간은 길다. 스리랑카는 14시간, 인도네시아는 12시간, 중국 남부는 16시간, 필리핀은 12시간이다. 노동자의 대다수는 여성인데, 모두 어리고 하청업체나 재하청업체에서 일한다. 이런 하청업체들은 미국·영국·일본·독일·캐나다 등지에 본사를 둔 기업의 주문을 받아 운영된다. 하청업체들의 경영 방식은 군대식이고 작업 감독은 폭언을 일삼고 임금은 생계비에도 못 미치고 일은 단순하고 지루하다.

[필리핀의] 카비테에서 텅 빈 거리를 거닐며 나는 잠시 이 지역의 두려움과 근원적 불안정을 느껴본다. 오두막 같은 공장들은 너무 초라해 보여서 일자리가 북반구에서 여기로 날아왔을 때처럼 쉽게 날아가 버릴 것만 같다. 두려움이 이곳을 뒤덮고 있다. 정부는 외국계 공장을 잃어버릴까 봐 노심초사한다. 공장들은 자기 브랜드의 원청업체와 계약이 끊어질까 봐 노심초사한다. 노동자들은 그 불안정한 일자리마저 잃어버릴까 봐 노심초사한다. 이 공장들은 공중에 떠다니는 듯하다.[121]

클라인 같은 사람들은 다국적기업 경영자들의 탐욕과 비인간성을 탁월하게 폭로한다. 그러나 비공식 노동에 관한 많은 정통

학술 연구들(특히 국제노동기구의 후원을 받은)처럼 노동자들이 맞서 싸울 가능성에 대해서는 너무도 비관적이다.

우선, 다국적기업은 노동자들을 그렇게 간단히 혹사시키지 못한다. 사람들의 생각과는 달리, [생산 분야] 다국적기업은 대부분 노동자들이 불만을 터뜨리면 그냥 공장 문을 닫고 다른 곳으로 훌쩍 떠나지 못한다. 다국적기업은 국제적 생산 사슬에서 한 고리를 만드는 데 많은 노력을 기울인다. 다국적기업에게는 생산의 각 단계에서 품질을 관리하는 메커니즘이 확실해야 하고 믿을 만한 운송 체계, 좀도둑을 막을 강력한 경찰 조직, 깨끗한 물 공급이 보장돼야 한다.[122] 그리고 무엇보다 다국적기업은 오랜 시간 규칙적이고 반복적인 일을 할 수 있도록 훈련된 노동인력을 원한다. 이런 노동인력은 사람들을 거리로 내몰거나 일시적으로 해고한다고 해서 간단히 얻을 수 있는 것이 아니다. 이런 이유로 다국적기업은 비공식 부문의 노동자들을 채용하더라도 일단 채용한 뒤에는 공식 부문의 노동조건 일부를 비공식 부문 노동자들에게도 허용해 주기 십상이다. 심지어 노동탄압적인 경찰국가에 있더라도 마찬가지다. 예를 들어, 온두라스의 마킬라도라를 연구한 결과를 보면 비공식 부문의 임금이 상당히 높다는 사실을 알 수 있다. 이곳 노동자들의 평균 소득은 한 달에 141달러인데 반해, 이들이 전에 일하던 곳에서는 91달러를 벌었고 농촌 인구의 47퍼센트는 하루에 1달러도 벌지 못한다.[123] 다국적기업에게는 잉여

가치를 최대한 많이 뽑아낼 수 있는 노동인력이 필요하다. 다시 말해, 효율적으로 일하고 품질 저하 없이 생산 흐름을 유지할 수 있는 노동자들이 필요한 것이다.

헨리 포드가 자동차 산업에서 조립라인에 바탕을 둔 대량생산 방식을 고안했을 때 그는 엄선한 노동인력을 엄격하게 관리하고 통제하면서 안정적으로 일을 시키는 것이 가장 효율적인 착취 형태임을 알았다. 토머스 오브라이언은 초창기 미국 다국적기업들이 라틴아메리카에서 공장을 운영할 때 노동인력을 안정화하려고 어떤 노력을 했는지 설명했다. 미국의 다국적기업들은 노동자들에게 최소한의 복지시설을 제공했다. 즉, 기업이 있는 도시에 숙소, 병원, 학교, 스포츠 시설을 설립했고 심지어 유급휴가까지 제공했다. 그 목적은 노동자들이 최소한의 건강 상태를 유지하게 하고 노동자에 대한 규율을 작업장뿐 아니라 집으로까지 확대하는 것이었다. 악명 높은 착취 기업 유나이티드프루트 사社조차 이런 조치가 수익성에 도움이 된다고 여겼다.[124]

국제적 조립라인을 통해 대량생산을 추구하는 기업들에도 똑같은 논리가 적용된다. 상품의 품질에 영향을 미치는 핵심 작업(예를 들어 재단)은 장기 고용 노동자들이 맡는다. 비록 최소한의 기술이 필요한 업무가 아니라 힘깨나 써야 하는 일은 임시직 노동자들이 맡더라도 말이다. 물론, 그럼에도 다국적기업들은 노동법 준수 여부를 감독하는 정부 관리들에게 자기 사업장의 노동자는 모두 임시직 · 비공식 · '미조직' 노동자들이라고 속여서 탈세를 저지르기도 한다.

노동인력의 안정성은 중요한데 왜냐하면 이런 노동자들은 투쟁에 나설 수 있고 승리할 수 있기 때문이다. 1960년대에 한국의 많은 의류 공장과 신발 공장에서 일하던 노동자들의 조건은 나오미 클라인이 [필리핀 공장을 묘사]한 것과 정확히 일치한다. 조지 E 오글*은 "1960~1970년대 [한국의] 방직 · 의류 · 전기 · 화학 등 수출 산업에서 일했던 젊은 여성들의 땀과 피와 눈물"에 대해 다음과 같이 말했다.

방직공업에서 일하는 사람의 83퍼센트는 여성이다. 그들은 16~25세이고 주로 농촌 출신이다. …… 방직공업에 필요한 기술은 빨리 배울 수 있다. 일단 설비가 어느 한 곳에 마련되면 값싸고 근면한 노동자를 꾸준히 공급하는 일만 남는다. 농촌 소녀들이 바로 그런 노동자였다. 이미 1970년에 60만 명의 여성이 제조업에서 일했다. 당시 전체 노동자의 30퍼센트였다. 그들은 대부분 방직공업에서 일했다. …… 1980년에는 약 150만 명의 여성

---

* 조지 E 오글(George E Ogle). 한국명 오명걸. 미국인 목사로 한국전쟁 직후 한국에 들어와 1960년부터 인천 등지에서 노동자들을 상대로 선교 활동을 했고 1970~1980년대 독재 정권에 맞서 싸우는 민주화 운동을 지원했다. 1974년에는 "인혁당 재건위 사건"의 고문 조작을 문제 제기해 당시 중앙정보부에 끌려가 조사받기도 했고 1974년 12월에 강제 추방당했다.

노동자들이 광업과 제조업에서 일했다. …… 직원 채용 담당자들은 농촌으로 가서 사람들을 고용했다. 고용 계약은 실제로 고용된 사람뿐 아니라 그 가족에게도 적용되는 것으로 간주됐다. 말하자면, 가족은 공장에서 딸이 하는 일과 행실에 책임을 져야 했다. 고용되면 여성들은 흔히 사내 기숙사에서 살았다.

공장에 들어간 여성들은 대체로 남성들의 감독을 받았다. 감독들은 [여성들이] 전통적 방식으로 복종하기를 원했다. 그들은 전통적 방식이 우월하다고 여겼다. 그래서 "저속한 말"을 섞어 명령했고 여성들이 반발하면 역시 전통적 방식대로 머리를 쥐어 박거나 뺨을 때렸다.[125]

1970년대와 1980년대 초에 전두환 군부 정권은 저항을 무자비하게 탄압했다. 대표적인 사례는 1982년 원풍모방 노동조합이다.

새로 선출된 노동조합 위원장 …… 김성구와 노조 간부들은 근무태만이라고 두들겨 맞고 해고됐다. 2주 후에 남성 관리자들과 용역 깡패들이 노동조합 사무실을 점거하고 새로 선출된 …… 정선순을 납치했다. 깡패들은 그녀를 17시간 동안 감금했다. 그들은 욕설을 퍼부으며 정선순을 폭행하고 협박하다가 도시 외곽에서 차 밖으로 던져 버렸다. 정선순은 피 흘리면서 맨발로 걸어서 공장으로 돌아왔다. 동료들은 공장에서 연좌 농성에 들어갔다. …… 경찰, 남성 관리자, 용역 깡패들이 쳐들어와서 노동자들을 문자 그대로 질질 끌고 나가서 길바닥에 패대기쳤다. 노조원들은 체포됐다.[126]

20년 동안 군부는 이런 식으로 노동자들의 자주적인 조직 건설 시도를 대부분 분쇄했다. 그러나 1987년에 군사독재는 중간계급도 포함된 시위가 나라 전체를 휩쓰는 정치 위기에 봉착했다. 이런 분위기를 등에 업고 노동자들은 다시 고유한 요구를 내걸고 싸우기 시작했다. 처음에 항쟁은 대기업, 즉 재벌 계열사들에서 시작됐다. 1000명 이상 고용된 작업장의 3분의 2에서 파업이 터져 나왔다. 이들의 파업은 곧 다른 부문을 고무했다.

[파업은] 재벌 기업에서 처음으로 조직됐고 곧바로 더 작은 규모의 기업으로 순식간에 확산됐다. 파업 투쟁의 열기는 "블루칼라" 공업 노동자를 넘어 "화이트칼라" 서비스 부문인 보건, 정부 기관 연구원, 교육 기관 노동자에게로 퍼져나갔다. 이 열기는 보험 회사에도 영향을 미쳤다.[127]

한국 노동자 가운데 33퍼센트가량이 고용 규모 5인~100인의 중소기업에서 일한다. …… 1987년 초에 노동자 투쟁이 분출할 때 나타난 분명한 추세는 중소 규모 공장에서 노동자들이 조직되는 속도가 재벌 기업에서 노동자들이 조직되는 속도만큼 빨랐다는 것이다. ······ 중소 규모 공장의 노동자들은 용감했고 의식적이었으며 위험도 마다하지 않았다. 결국 그 노동자들은 대부분 지역 노조 협의체를 건설해 서로 연대를 도모하면서 자신들의 조직을 유지했다.[128]

마킬라도라의 노동자들을 조직하는 것은 불가능한 일이 아니다. 라틴아메리카나 남아시아의 대다수 "비공식" 부문을 차지하는 수많은 소규모 작업장에서 일하는 노동자를 조직하는 것도 마찬가지다. 한국에서 벌어진 일은 다른 나라에서도 얼마든지 벌어질 수 있는 일이다. 하지만 그러기 위해서는 세계 도처에 있는 노동조합 고위 상근 간부층이라는 집단에 관한 새로운 인식이 필요하다.

예를 들어, 1982~1983년에 벌어진 뭄바이 섬유 노동자의 대규모 파업은 한국의 1987년 노동자 대투쟁과는 다른 양상을 보였다. 아래로부터 반쯤 자발적인 분출로 시작된(노동자들은 투쟁을 "지도"해 달라며 다타 사만트의 집 앞에서 시위를 벌였는데 다타 사만트는 나중에 이 파업의 지도자가 된다) 파업은 사상 최대 규모의 끈질긴 파업 중 하나로 발전했다. 수십만 명의 노동자가 참가하며 1년 동안 지속되던 이 파업은 인도의 상업자본과 산업자본의 정치 생활을 지배했다. 그러나 이 파업은 대규모 작업장의 "조직된" 부문에서 시작돼 소규모 작업장과 가난한 자영업 직조공들에게로 퍼져 나가지 못했다. 실제로, 많은 파업 참가자들이 비공식 부문에서 일하기 시작했는데도 아무도 그들을 파업 파괴자라고 규정하지 않았다. 이 덕분에 사용자들은 1년을 버틸 수 있었고 노동자들을 패배시킬 수 있었다. 파업 중에도 공장은 계속 돌아갔다. 비공식 부문의 여건은 끔찍했다.

여기를 방문한 사람들은 대체로 산업혁명 태동기의 장면을 떠올렸다. 금방이라도 무너질 것만 같은 수많은 공장에서 수천 명이 잠을 자고 있다. 공장 안에서는 24시간 동안 쉬지 않고 돌아가는 역직기力織機의 소음 때문에 고막이 터질 듯하다. 통풍 장치도 없다. 적당한 조명 시설도 없고 아이들은 오랜 시간 따분한 일을 계속 한다. 모든 곳이 더럽고 먼지투성이다.[129]

그러나 한국에서는 상상할 수 없을 만큼 혹독한 탄압을 견뎌내고 이런 부문을 조직할 각오가 돼 있는 활동가들의 네트워크가 있었고 1987년에 투쟁이 더 광범하게 분출했을 때 이 기회를 활용할 수 있었다. 뭄바이에는 이런 네트워크가 없었다.

섬유산업에서 활동하는 노동조합들은 거의 조직되지 않은 역직기 노동자들의 여건 개선을 도와줄 생각을 전혀 하지 않았다. 거의 예외 없이 노동조합들은 역직기 노동자들을 조직하는 성가시고 돈도 안 되는 활동을 하는 것보다는 사측이 제안한 노동자 면담 기회를 손쉽게 이용하는 것을 더 선호했다. 비록 모든 사람들이 역직기 노동자들의 처지가 훨씬 더 열악하고 조직화가 절실하다는 것을 인정했지만 말이다.[130]

역직기 노동자들을 최우선으로 조직해야 한다고 생각했던 한 노동조합 간부는 이런 고된 일을 하겠다고 나서는 사람이 적다고 불평했다. "그들의 신뢰를 얻고자 한다면 그들 곁에서 함께 지내야 한다."[131] 다른 구區에서도 이렇게 매우 중요한 부문에서 노동조합 활동이 없는 이유를 설명하는 비슷한 견해가 제시됐다. 이런 태만은 장기적으로 방직 노동자들을 조직하는 데서 치명적인 결과를 낳았다. 그 때문에 사용자들은 기업의 핵심적인 성장 전략으로 하청 계약을 이용할 수 있었다.[132]

한국 노동자들의 승리를 보면 비공식 노동자와 마킬라도라 노동자들도 조직할 수 있음을 알 수 있다. 규모도 크고 일자리도 더 안정적인 노동자들이 시작한 투쟁으로 그들을 끌어들여서 말이다. 뭄바이의 패배를 보면, 상대적으로 안정적 집단이 비공식 노동자들을 투쟁으로 끌어들이지 않는 것이 얼마나 위험한지를 알 수 있다. 이것이 위험한 이유는 단순히 임금 삭감이나 해고나 노동조건 악화 때문만이 아니다. 투쟁이 패배하면 파괴적인 영향이 사회 전체에 미치기 때문이다. 파업 기간에는 사람들이 종교나

카스트의 차이를 뛰어넘어 단결할 수 있었다. 투쟁이 패배한 후에는 무슬림을 적대시하는 힌두교 [파시스트] 정치단체인 시브세나가 뭄바이 시 곳곳에서 득세하기 시작했고, 이들은 결국 1992년에 무슬림들을 살해하는 폭동을 일으켰다. 투쟁 속의 단결을 통해 형성된 연대감은 비공식 노동자, 자영업자, 가난한 실업자, 가난한 프티부르주아지를 결속시켰다. 패배를 겪으며 사람들은 부문주의적 태도를 갖게 됐고 프티부르주아지의 종단주의적 갈등이 자영업자·실업자·광범한 노동자층에 영향을 미쳤다.

이것은 제3세계 대도시의 "다중"이 느끼는 절망과 고통이 어떻게 서로 다른 두 방향으로 나아갈 수 있는지를 보여 주는 생생한 사례다. 한쪽 방향은 노동자들이 집단적으로 투쟁해서 수많은 빈민들이 그 뒤를 따르는 방향이다. 다른 방향은 데마고그들이 대중의 절망감·사기저하·파편화를 악용해 가난한 대중끼리 서로 미워하고 싸우게 만드는 방향이다.

이것이 노동계급을 단지 "다중"이나 "민중"의 일부로만 여겨 체제에 맞선 투쟁에서 고유한 중요성이 없다고 생각해서는 안 되는 이유다.

결론

전반적으로 보아 노동계급은 사라지거나 쇠퇴하고 있지 않다. 국제적 차원에서 노동계급은 그 어느 때보다 많다. 비록 잇따른 세계 경제 위기 때문에 경제성장률이 둔화하고 모든 곳에서 생산이 "자본 집약적" 형태로 이뤄지면서 노동자들을 대거 새로 고용하지는 않지만 말이다.

노동계급의 고용이 "북반구"의 옛 공업 경제에서 "남반구"의 농업 경제로 대거 이동했다는 말도 사실과 다르다. 새로운 국제 분업은 주로 북아메리카, 유럽, 일본의 "세 기둥 체제" 안에서 이뤄지고 있으며, 이보다 적은 규모로 동아시아의 신흥공업국들NICs과 중국 동부지역에서 이뤄지고 있다. 또한, "남반구"의 성장하는 도시 일부에서는 공업 고용이 늘기도 했다. 그러나 공업 고용의 확대는 불균등하며 모든 지역에서 일어나는 일도 아니다. 그리고 이런 일자리가 주로 북반구에서 이동해 온 것도 아니다.

위기가 반복될 때마다 축적 구조가 재편된다는 점은 북반구와 남반구가 모두 비슷하다. 축적 구조가 재편되면서 노동계급의 재배치가 일어나고 있는데 그 규모는 19세기 후반에 자본축적의 중심이 면방직 공업에서 중공업으로 이동했을 때 벌어진 노동계급의 재배치 규모나, 양차 세계대전 사이에 축적의 중심이 경공업과 자동차 산업으로 이동했을 때 벌어진 노동계급의 재배치 규모와 비슷하다. 현재 두 가지 변화가 일어나고 있다. 흔히 서비스업으로 분류되는 "비물질" 상품생산의 중요성이 커지고 있다. 그러나 여기에는 제조업의 노동 형태와 매우 유사한 것들이 있다. 둘째, 상품을 직접 생산하지는 않지만 직접 생산자들의 생산성 향상이나 유지에 도움을 주는 노동 형태가 중요해지고 있다.

이런 부문이 점차 중요해지자 자본은 이에 대응해 한때 자신을 "중간계급"이라고 생각했던 사람들을 더 많이 프롤레타리아로 만들어서 노동비용을 줄이려고 애를 쓴다. 그와 동시에, 직접생산자들에 대한 압력도 가중돼서 그들의 노동강도가 강화되고("유연화"), 일부는 노동시간이 늘어나기도 한다. 연간 노동시간이 가장 긴 곳은 미국이다. 미국의 제조업 노동자들은 1년에 1991시간 일한다. 반면에 일본의 연간 노동시간은 1945시간, 영국은 1902시간, 프랑스는 1672시간, 독일은 1517시간이다.[133]

노동계급은 사라지지 않았다. 부르주아가 되지도 않았다. 특권층[또는 "귀족"]이 되지도 않았다. 제3세계, 특히 아프리카의 광범한 빈곤에서 어떤 이득을 누리지도 않았다. 오히려 국제적인 구조조정 와중에서도 더욱 늘어나고 있다.

세계 인구의 다수는 여전히 다른 피지배 계급들이다. 중국과 인도와 아프리카의 많은 나라들에서는 농민이 노동자보다 훨씬 더 많다. 라틴아메리카 일부 지역과 아프리카의 농민들은 도시에서 일자리를 찾지 못해 스스로 영세농이 된 사람들이다. 세계 최대 도시들의 일부에서는 종신고용 노동자보다 자영업자, 실업자, 임시직 노동자 등 불안정 노동인구가 훨씬 더 많다. 선진 공업국에서는 여전히 소규모 상점주, 술집 주인, 중소 상공인, 전문직 등의 옛 프티부르주아지와 중간 관리자 등의 신중간계급이 함께 존재한다.

흔히 노동자들은 이런 프티부르주아나 신중간계급과 함께 살거나 함께 일한다. 노동자들은 이런 다른 계급들의 정서에서 영향을 받기도 한다. 그러나 노동자들은 또한 우리가 위에서 살펴본 뭄바이 섬유 노동자처럼 그들의 정서에 결정적 영향을 미치기도 한다.

어떤 쟁점들은 이렇게 다른 집단들이 함께 투쟁하도록 고무하기도 한다. 공동의 투쟁이 벌어지면 같은 하층계급 지구에 거주하는 사람들이 모두 생계 유지 방식과 무관하게 서로 단결한다. 그들은 거리를 점거하고 사회 상층 사람들에 맞서는 경험을 함께 공유한다. 이런 투쟁에서는 "대중"이나 "민중"이나 "다중"이나 무지개 연합이라는 개념이 계급 개념보다 잘 들어맞는 듯하다. 이런 대중이나 다계급multi class 투쟁이 분출한 최근 사례는 2001년 말에 아르헨티나에서 일어난 카세롤라소 시위* 물결인데, 부에노스아이레스의 도심에서 시작된 카세롤라소는 데 라 루아De la Rua 정부와 로드리게스 사Rodriguez Sáa 정부를 차례로 쓸어버렸고 이로부터 주민의회 조직들이 생겨났다.[134]

반자본주의 운동 자체에도 어느 정도 비슷한 특징들이 나타난

----

* 카세롤라는 스페인어로 냄비라는 뜻이다.

다. 1960년대 말에 처음 시작된 운동처럼 반자본주의 운동도 처음 시작됐을 때는 생산과정에 견고하게 뿌리내리지 않은 사람들, 즉 대학생, 중고등학생, 비정규직 청년, 개인적으로 운동에 참가한 계급 정체성이 뚜렷하지 않은 노동자, 하위 전문직들이 운동의 기반이었다. 이런 운동을 가리키는 용어로서 "다중"이 완전히 잘못된 것은 아니다. 20년 동안의 패배와 사기 저하를 딛고 이질적인 세력들이 함께 모여 반&체제 투쟁에 매우 중요한 초점을 새롭게 제공했다.

그러나 다중이라는 용어를 사용하면서 이질성을 무작정 칭송하는 것은 사람들이 운동을 건설할 때 무엇을 해야 하는지 모르게 만든다. 그래서, 조직된 노동자들이 저항에 참가하기 시작했기 때문에 제노바와 바르셀로나[시위]가 중요하다는 점을 깨닫지 못한다. 또, 지금까지 아르헨티나의 운동의 가장 중요한 결함, 즉 노동조합 고위 상근 간부들이 지역사회 운동이나 실업 노동자 운동과 취업 노동자 운동을 서로 분리시키고 있다는 사실도 깨닫지 못한다.

이질적인 사회집단들의 운동을 사회변혁을 일으킬 수 있는 "사회적 주체"로 여기는 것은 오류다. 그들은 주체가 될 수 없다. 그런 운동의 기반이 생산에 뿌리내린 집단적 조직에 집중돼 있지 않기 때문에 그 운동은 지배계급 권력의 핵심인 생산 통제에 도전할 수 없다. 그 운동이 특정 정부를 곤경에 빠뜨릴 수는 있다.

그러나 사회를 아래로부터 다시 만드는 과정을 시작하지는 못한다. 사실, 이 일을 시작할 수도 있는 노동자들이 그 운동에서 주변적 구실만 하고 있을 뿐인 것이 현 실정이다. "무지개 연합"이니 "다중"이니 하는 말은 육체 노동이나 틀에 박힌 화이트칼라 노동을 장시간 해야 하는(게다가 보육이라는 무보수 노동까지 하는) 사람들의 운동 참여가 상대적으로 부족하다는 사실을 감춘다. 그런 관점은 대부분의 시간과 에너지를 운동에 쏟아부을 수 있는 직업을 가진 사람들이 여전히 운동을 지배하고 있는 현실을 간과한다. 따라서 요즘 유행하는 "탈산업 사회" 이론들은 노동계급의 엄청난 중요성을 무시하는 협소한 전망과 실천의 핑계거리다.

시애틀 시위 이후 최근 2년 반 동안 기막히게 멋졌던 것은 새로운 활동가 세대가 등장해 체제에 도전하기 시작했다는 점이다. 그러나 이 세대가 체제의 피해자이면서도 체제에 맞서 싸울 수 있는 집단적 힘을 가진 압도 다수의 평범한 노동자들과 관계 맺을 방법을 찾아내는 것이 점차 중요해지고 있다. 이것이 바로 제노바 시위가 주는 교훈이다. 이것이 바로 부에노스아이레스 운동이 주는 교훈이다. 이것이 바로 오늘날 착취당하며 체제를 지탱하는 계급이 사라졌다고 떠들어 대며 자본주의 생산의 현실을 왜곡하는 사람들이 간과하는 교훈이다.

후주

1　M Hardt and A Negri, *Empire*(Harvard, 2001)[국역 : ≪제국≫, 이학사, 2001].

2　이런 관점으로 연구한 저술을 보려면 'Introduction', in J H Goldthorpe, D Lockwood 외, *The Affluent Worker in the Class Structure*(Cambridge, 1971)를 보시오.

3　1969년 아르헨티나 코르도바 시의 자동차 노동자들이 코르도바소 봉기에서 선도적 구실을 하기 전까지 많은 사람들이 이 노동자들을 그렇게 여겼다. 그래서 아리코(Aricó)는 1964년에 이렇게 썼다. "대기업의 산업 프롤레타리아는 …… 어떤 의미에서는 상대적 특권층이며 노동 귀족이다. …… 그들이 높은 임금을 받는 것은 미숙련 노동자, 날품팔이, 농촌 프롤레타리아 등과 같은 계급의 형제들이 쥐꼬리 만한 임금을 받기 때문이다." 반면에 카리(Carri)는 그런 노동자들의 노동조합을 "제국주의가 노동계급 내부로 침투하는 주요 수단"이라고 여겼다. 둘 모두 R Munck 외, *Argentina From Anarchism to Peronism*(London, 1987)에서 인용했다.

4　N Klein, *No Logo*(London, 2000), p 223[국역 : ≪슈퍼 브랜드의 불편한 진실 NO LOGO≫, 살림 Biz, 2010].

5　M Hardt와 A Negri, 앞의 책, p 53.

6　같은 책, pp 402~403.

7　같은 책, p 403.

8　L Rozichtner, "El lugar de resistencia", *Página* 12(Buenos Aires), 26 February 2002.

9　C Harman, *A People's History of the World*(London, 1999), p 615[국역 : ≪민중의 세계사≫, 책갈피, 2004].

10　D Filmer, "Estimating the World at Work", 이 글은 세계은행의 *World Development Report 1995*(Washington DC, 1995)의 참고 보고서다. 세계은행 웹사이트 monarch.worldbank.org에서 볼 수 있다.

11　"광산업과 채석산업·제조업·가스·전기·수도·건설업"을 뜻한다.

12　"무역·운송·은행·상업 서비스"를 뜻한다. 그러나 충분한 정의나 묘사는 아니다.

13　노동 가능 연령대의 또 다른 12억 명은 집안일 등을 하고 있어서 통계에 포함되지 않는다. 비록 이들 가운데 많은 수가, 특히 농촌에 살고 있는 사람들은 다른 종류

의 노동을 보조하지만 말이다.

14 예를 들어 내가 계산한 영국 신중간계급의 규모를 참고하시오. C Harman, "The Working Class After the Recession", *International Socialism* 33(Autumn 1986)[국역 : "경제침체 이후의 노동자 계급", ≪노동자 계급에게 안녕을 말할 때인가≫, 책갈피, 2001].

15 UNDIP, *Human Development Report 1998*, Table 21, p 175.

16 같은 책.

17 같은 책.

18 S Rodwan and F Lee, *Agrarian Change in Egypt*(Beckenham, 1986).

19 Danyu Wang, "Stepping on Two Boats: Urban Strategies of Chinese Peasants and Their Children", *International Review of Social History* 45(2000), p 170.

20 같은 책.

21 S Rodwan와 F Lee, 앞의 책.

22 C H Feinstein, "Structural Change in the Developed Countries in the 20th Century", *Oxford Review of Economic Policy*, vol 15, no 4(Winter 1999), table A1.

23 "Introduction", R Baldoz 외, *The Critical Study of Work: Labor, Technology and Global Production*(Philadelphia, 2001), p 7.

24 M Hardt와 A Negri, 앞의 책, p 286.

25 이 절의 모든 수치는 C H Feinstein, 앞의 책에서 인용.

26 R E Rowthorn, "Where are the Advanced Economies Going?", G M Hodgson 외 (eds), *Capitalism in Evolution*(Cheltenham, 2001), p 127.

27 같은 책.

28 *Financial Times* 보고서, 12 February 2002.

29 R E Rowthorn, 앞의 책.

30 같은 책.

31 같은 책, p 131.

32 이런 주장에 대한 심층적 분석은 C Harman, *Explaining the Crisis: A Marxist Reassessment*(London, 1984), pp 105~108을 참조하시오[국역 : ≪마르크스주의와 공황론≫, 풀무질, 1995].

33 R Taylor, *Britain's World of Work: Myths and Realities*(ESRC Future of Work Programme Seminar Series, Swindon, May 2002).

34 같은 책에서 사용된 문구. 숙련직 노동자에 관한 좌파의 논의는 대부분 H Braverman, *Labor and Monopoly Capital*(New York, 1974)[국역 : ≪노동과 독점자본≫, 까

치, 1989)에 나오는 "탈숙련화" 주장에 영향을 받았다. 그러나 산업에서 오랜 수습 기간 동안 배운 특정 숙련기술이 사라지는 것과 동시에, 기술 혁신 때문에 끊임없이 변하는 다양한 직무를 다루는 데 필요한 읽기 능력과 산수 능력의 평균 수준도 대체로 올라간다. Braverman의 글 외에 이 쟁점을 더 자세히 연구한 결과는 C McGuffie, *Working in Metal*(London, 1985)를 보시오.

35 R Taylor, 앞의 책, p 18.

36 "신중간계급" 개념에 관한 심층 논의는 C Harman, "The Working Class After the Recession", 앞의 책, pp 22~25을 보시오.

37 *The Guardian*, 5 June 2002.

38 M Hardt와 A Negri, 앞의 책, pp 285~286.

39 Office for National Statistics, *Labour Force Survey*(London, 2001).

40 Office for National Statistics, *Living in Britain 2000*, table 3.14, 웹사이트 www.statistics.gov.uk에서 볼 수 있다.

41 R Crompton과 G Jones, *White Collar Proletariat*(London, 1984), p 27.

42 같은 책, p 20.

43 모든 수치는 "Employed·Persons by Occupation, Age and Sex"에서 인용, ftp://ftp.gov/pub/ pub.specia.requests/lf/aat9

44 Office for National Statistics, *Social Trends 2001*(London, 2001), p 82.

45 C Harman, "The Working Class After the Recession", 앞의 책, pp 22~25.

46 내가 다른 글에서 주장했듯이 산업화된 세계의 주요 세 지역인 북아메리카·유럽·동아시아의 구조조정이 세계 전체의 구조조정보다 더 중요해졌다. C Harman, "Globalisation: A Critique of a New Orthodoxy", *International Socialism* 73(Winter 1996)을 보시오.

47 R-P Bodin, "Wide-Ranging Forms of Work and Employment in Europe", *The Future of Work, Employment and Social Protection*, International Labour Organisation, www.ilo.org/public/english/bureau/inst/papers/confrmce/annecy/2001/bodin/index.htm. p 1.

48 R Taylor, 앞의 책, p 7.

49 R-P Bodin, 앞의 책, pp 3~4.

50 같은 책, p 5.

51 같은 책, p 2.

52 같은 책, p 2.

53 같은 책, pp 2~3.

54 R Taylor, 앞의 책, p 12. 이 수치와 영국 관련 유럽 수치 사이의 조그만 차이는 중요하지 않다. 그 차이는 상이한 조사 방법 때문이고 결과는 거의 비슷하다.

55 이 수치들은 Office for National Statistics, *Social Trends 2001*, 앞의 책, table 4.6, p 88에서 인용했다. 그 결과는 R 테일러, 앞의 책, p 13과 매우 유사하다.

56 Office for National Statistics, *Social Trends 2001*, 앞의 책, p 88.

57 M Hardt와 A Negri, 앞의 책.

58 C Harman, "The State and Capitalism Today", *International Socialism* 51(Summer 1991)과 C Harman, "Globalisation: A Critique of a New Orthodoxy", 앞의 책을 보시오.

59 R E Rowthorn, 앞의 책, p 136.

60 같은 책, p 135.

61 같은 책, pp 131~132.

62 R Baldoz 외, 앞의 책, p 9.

63 같은 책, p 7.

64 예를 들어 Naomi Klein은 *No Logo*에서 그런 식으로 묘사하면서 다음과 같이 썼다. "제너럴모터스는 … 마킬라도라와 세계 곳곳에 있는 신규 공장들로 생산을 옮기고 있다", N Klein, 앞의 책, p 223.

65 내가 비록 개인적으로는 부에노스아이레스의 부르크만 공장에서 재봉 기계에 컴퓨터 단말기가 붙어 있는 정교한 장비를 보고 놀라긴 했지만 말이다.

66 F Palpacuer, "Development of Core-Periphery Forms of Organisation: Some Lessons from the New York Garment Industry", International Labour Organisation, www.ilo.org/public/english/bureau/inst/papers/1997/dp95/appmdx.htm

67 A Lateef, *Linking Up with the Global Economy: A Case Study of the Bangalore Software Industry*(International Labour Organisation, 1997)에서 나온 수치, www.ilo.org/public/english/bureau/inst/papers/1997/dp96

68 M Hardt와 A Negri, 앞의 책, p 294.

69 A Lateef, 앞의 책, ch 2, p 9에서 나온 수치.

70 앞의 책, ch 4, p 1에서 나온 수치.

71 같은 책, p 3.

72 같은 책, p 15

73 같은 책, p 9.

74 같은 책, p 10.

75 같은 책, p 11.

76 D Filmer, 앞의 책에 실린 도표의 수치들을 이용해 아주 대략적으로 계산한 것이다.

77 International Labour Office, *African Employment Report 1990*(Addis Ababa, 1991), p 31.

78 같은 책, p 26.

79 같은 책, p 44.

80 PRELAC *Newsletter*(Santiago, Chile), April 1992, diagram 3에서 인용.

81 같은 책.

82 같은 책.

83 P Singer, *Social Exclusion in Brazil*(International Labour Office, 1997), ch 2, table 7, www.ilo.org/public/english/bureau/inst/papers/1997/dp94에서 볼 수 있다.

84 같은 책, p 17.

85 P Nayak, *Economic Development and Social Exclusion in India*, ILO 1994, ch 2, p 1, 웹사이트 www.ilo.org/public/english/bureau/inst/papers/1997/dp77/ch2.htm에서 볼 수 있다. 2001년 인구조사 이후 고용 수치는 아직 볼 수 없다.

86 Figures in J Unni, "Gender and Informality in Labour Markets in South Asia", *Economic and Political Weekly*(Bombay), 30 June 2001, p 2367.

87 앞의 책 p 2369에서 출처와 함께 인용한 수치.

88 같은 책.

89 T Bulutay, *Employment, Unemployment and Wages in Turkey*(Ankara, 1997), p 196.

90 같은 책, p 193.

91 같은 책, p 200.

92 *Economic Trends in the MENA Region*, 2000, www.erf.org.eg/html/economic_00/html

93 같은 책, ch 4.

94 P Singer, 앞의 책, ch 2, table 10.

95 Yun-min Lin과 Tian Zhy, "Ownership Restructuring in Chinese State Industry", *China Quarterly*, June 2001, p 307.

96 *China Labor Bulletin*, Hong Kong, 2001.

97 *Financial Times*, 26 October 2001에서 Callum Henderson이 이와 비슷한 중국 실업자 수치를 제시했다. C Henderson, *China on the Brink*(New York, 1999), p 20을 보시오.

98 P Singer, 앞의 책, ch 2, p 3.

99 같은 책, ch 2, p 14.

100 J Unni, 앞의 책, tables 19, 20 and 22, pp 2375~2376에 있는 수치를 보시오. 물론 갑작

스런 노동 수요 증가는 비공식 부문만이 채울 수 있지만 일시적으로 이들의 임금률은 공식 부문의 임금률을 상회할 수 있다. 이런 현상이 영국 건설 산업의 "막노동"에서 발생했다.

101 S Gordon, *Poverty and Social Exclusion in Mexico*, ILO, 1997, p10 www.ilo.org/public/english/bureau/inst/papers/1997/dp93/index.htm

102 같은 글.

103 같은 글.

104 PRELAC Newsletter, 앞의 글.

105 K Marx, *Capital*, vol 1(Moscow, 1961), p 628.

106 같은 책, p 631.

107 같은 책, p 642.

108 같은 책, p 643.

109 같은 책, p 644. 엥겔스는 ≪영국 노동계급의 상태≫에서 1840년대의 '과잉' 노동인구를 심층적으로 자세히 묘사했다. "The Condition of the Working Class in England", K Marx and F Engels, *Collected Works*, vol 4(London, 1975).

110 ILO, *African Employment Report 1990*, op cit, p 34.

111 같은 책, pp 37, 39.

112 수치, 같은 책, p 40.

113 H Steefkerk, "Thirty Years of Industrial Labour in South Gujarat: Trends and Significance", *Economic and Political Weekly*(Bombay), 30 June 2001, pp 2399, 2402.

114 P Singer, 앞의 책, ch 2, p 16.

115 H Steefkerk, 앞의 책, pp 2399, 2401.

116 같은 책에서 인용, p 2402.

117 같은 책.

118 P Singer, 앞의 책, ch 2, table 9.

119 같은 책, p 17.

120 F Engels, "Letter to Bernstein, 22 August 1889", K Marx and F Engels, *Collected Works*, vol 48(London, 2001).

121 N Klein, 앞의 책, pp 205~206.

122 테스코와 코카콜라 같은 기업들이 국제 생산의 사슬을 그렇게 "지배(governance)"하려고 노력한 것을 보고 싶으면 R Kaplincky, "Globalisation and Unequalisation", C Dolan와 J Humphrey, "Governance in Trade in Fresh Vegetables"를 보시오 둘 다 *Journal of Development Studies*, vol 57, no 2(December 2000)에 수록돼 있다.

123 K A Ver Beek, "Maquiladoras: Exploitation or Emancipation", *World Development*, vol 29, no 9(September 2001). 제목이 암시하는 것과 달리 이 연구는 마킬라도라 기업들을 옹호하려는 것이지만 수치가 틀렸다고 생각할 이유는 없다.

124 T O'Brien, *A Century of US Capitalism in Latin America*(New Mexico, 1999), p 52.

125 G E Ogle, *South Korea: Dissent Within the Economic Miracle*(London, 1990), p 82.

126 같은 책, p 106.

127 같은 책, p 116.

128 같은 책, p 145.

129 H van Wersch, *The Bombay Textile Strike 1982-1983*(Bombay, 1992), pp 45~46.

130 같은 책, p 46.

131 같은 책.

132 같은 책.

133 Ministry of Health, *Labour and Welfare, White Paper on the Labour Economy* (Tokyo), 18 July 2001. 프랑스의 노동시간은 1998년 수치이고 독일의 노동시간은 1997년의 옛 서독 수치다. 영국 노동시간은 보통 인용되는 것보다 더 길다. 보통 인용되는 수치는 제조업 노동자만이 아니라 전체 노동자를 바탕으로 한 통계이기 때문이다(그리고 화이트칼라 노동자들의 무보수 연장 근로 시간이 엄청나게 많은데, 이 노동시간도 빠져 있다).

134 더 긴 설명은 C Harman, "Argentina: Rebellion at the Sharp End of the World Crisis", *International Socialism* 94(Spring 2002)를 보시오.